Chouchouter ses plantes

58, rue Jean-Bleuzen
92178 Vanves Cedex

Suivi éditorial : Aurore Meyer
Mise en pages : Julie Patron
Illustrations : Capucine Brisset
Relecture : Odile Raoul

Photographies Rebecca Genet

Pierre
le cultivateur

Chouchouter ses plantes

AVEC LES TIPS DE PLANT MAN

MARABOUT

sommaire

Les surprenantes (voir pages 6-7)

Les tutos plantes

introduction

Pour toutes les personnes qui ne me connaissent pas et ne me suivent pas sur les réseaux sociaux, il est important que je me présente ! Et pour ceux qui me suivent, il est toujours intéressant d'en savoir un peu plus sur ma passion.

De Pierre le cultivateur à PlantMan

Je m'appelle Pierre et à l'heure à laquelle j'écris ce livre, j'ai 37 ans. Ma passion première est celle du potager, et elle m'a permis de découvrir de nouveaux engouements pour les arbres, les oiseaux, les champignons mais aussi pour les plantes, et plus particulièrement pour les plantes d'intérieur. J'aime l'idée d'apporter un peu de nature à la maison. Je ne suis pas issu d'une formation de botaniste, j'ai plutôt craqué, comme beaucoup de monde, pour une première plante, puis pour une deuxième, puis pour une cinquantième...

Mes débuts

J'ai acheté ma première plante sur un coup de cœur, on peut même dire sur un coup de folie. Je me retrouve dans une jardinerie pour acheter quelques graines pour mon potager et je repars avec une plante verte. Et quand je rentre chez moi, je suis perdu comme tout débutant. Je ne sais pas si je dois la rempoter, l'arroser, comment l'entretenir et encore moins où je dois la placer. Je commence à lire les informations sur l'étiquette et je ne comprends rien !

On m'explique au travers d'un baromètre que la plante n'est pas trop exigeante en termes d'arrosage, elle a deux gouttes d'eau sur quatre, elle est facile d'entretien mais elle demande de la lumière. Autre information importante, elle est toxique pour les animaux de compagnie. Aïe... j'ai un chien !

Des questions

Je commence à regarder sur Internet quelques vidéos sur cette magnifique plante verte, un pothos. Et je me rends compte que comprendre une plante verte, c'est avant tout connaître ses besoins et surtout appréhender son intérieur pour lui trouver l'emplacement idéal. Je récolte aussi de nombreuses informations (parfois en totale opposition) et je me sens d'abord dépassé, puis complètement perdu. Certaines personnes conseillent d'arroser la plante verte par baignade, d'autres par le dessus. D'autres disent de rempoter tout de suite sa plante verte alors que certains pensent qu'il vaut mieux attendre. Il faut mettre sa plante dans une pièce lumineuse, mais pas au contact du soleil ! Ah ? Une plante dans son environnement naturel ne reçoit pas de lumière directe ? Vous l'aurez compris, beaucoup d'informations avec des arguments toujours différents, mais une passion commune, celle de vouloir prendre soin de ses plantes vertes.

C'est parti !

Petit à petit, j'ai appris à comprendre mes plantes vertes, même s'il m'arrive de subir des échecs. C'est une bonne chose, cela signifie que j'en apprends toujours plus ! Après quelques années, j'ai adopté d'autres plantes vertes, on m'en a offert, j'ai multiplié les plantes des copains, j'ai réussi à abandonner mes plantes pendant les vacances et j'ai surtout appris à les observer pour assimiler leurs besoins. Dans ce livre, mon objectif est surtout de vous aider à avoir les bases pour entretenir une plante verte, à essayer comme on aime le dire d'avoir la main verte !

Mon premier conseil serait de ne pas trop arroser une plante verte et de vérifier le drainage de celle-ci. Car oui, il est toujours plus difficile de faire revenir à la vie une plante verte trop arrosée qu'une plante verte qui ne l'a pas été assez.

Mon deuxième conseil serait de ne jamais laisser d'eau stagner au fond du pot ou dans votre coupelle. Il vous faut donc un pot percé, c'est-à-dire un pot avec des trous dans le fond pour que l'excès d'eau puisse s'évacuer.

Mon dernier conseil serait de vous faire plaisir, d'oser adopter une plante verte même si vous pensez ne pas avoir la main verte car on en apprend tous les jours. Une plante demande un peu de curiosité et d'observation ! Il arrive à tout le monde de faire mourir une plante verte, et je vais vous avouer un secret, il m'arrive encore de perdre des plantes !

Les réseaux et moi

Pour les personnes qui me suivent sur mes comptes TikTok et Instagram, vous l'aurez compris, ce livre est pour moi une façon de répondre à vos interrogations, de vous accompagner dans l'acquisition d'une plante verte et surtout dans son entretien en vous faisant profiter de mes retours d'expérience dans le même esprit que mes vidéos.

Allez, il est temps de choisir notre première plante verte ensemble !

Adopter une plante

Dans l'idéal, avant d'acheter une plante verte, il faudrait analyser son intérieur, l'orientation de chaque fenêtre, calculer l'humidité ambiante… mais qui fait ça ? Personnellement, j'achète mes plantes d'intérieur sur un coup de cœur ! Le seul problème, c'est que, quand je rentre, je dois me poser mille et une questions pour lui trouver son emplacement idéal et surtout la connaître pour pouvoir l'entretenir correctement. Les pages qui suivent vous aideront dans cette démarche afin d'avoir la main verte !

où acheter sa plante ?

C'est souvent au moment d'acheter une plante d'intérieur qu'on se demande s'il est préférable de l'acheter sur Internet ou s'il vaut mieux se déplacer dans une jardinerie ! Je partage ici avec vous mes retours d'expériences afin de vous aider à faire le bon choix.

01 | Magie des plantes

On achète souvent une plante verte sur un coup de tête ou plutôt sur un coup de cœur. On se promène dans un magasin et on tombe sur une plante verte, on part acheter des croquettes pour le chien et on rentre avec une nouvelle plante... On est tous pareils, et ça fait aussi partie de la magie des plantes vertes.

02 | En jardinerie

Ce que j'aime, quand j'achète une plante en jardinerie ou chez un fleuriste, c'est de pouvoir sélectionner la plante que je souhaite adopter. Mais encore faut-il savoir comment la choisir ! L'un des autres avantages de l'achat en jardinerie ou chez le fleuriste, c'est qu'on peut bénéficier des conseils d'un expert et on peut profiter de différentes promotions.

03 | Troc de plantes

En plus des différentes boutiques en ligne, des jardineries et des fleuristes, vous pouvez trouver de magnifiques plantes lors d'événements ou au travers d'échanges !

04 | Vente en ligne

Quand on cherche une plante spécifique, il est assez fréquent de se tourner vers les sites en ligne. Car en jardinerie, on retrouve souvent les mêmes plantes et les mêmes cache-pots !

La première fois que j'ai commandé une plante verte sur Internet, j'ai eu très peur ! Peur de m'être trompé et surtout peur au moment du déballage de voir une plante verte avec des feuilles abîmées pendant le transport... Et pourtant, aujourd'hui, il m'arrive très souvent d'acquérir de nouveaux spécimens en ligne, surtout si je recherche une plante peu ordinaire.

Si vous achetez une plante sur Internet, je vous conseille de la commander le samedi ou en tout début de semaine afin d'être livré en milieu de semaine et éviter que votre plante verte ne reste toute une journée voire un week-end dans le froid ! Si vous commandez une belle plante verte, assez fragile, un jeudi pour une livraison un samedi mais que cette dernière est reportée le lundi, votre plante risque d'être stockée dans un entrepôt toute la journée du dimanche et le froid risque de lui être fatal.

Autre point avantageux sur Internet, c'est que la plupart du temps, vous avez une fiche détaillée de la plante avec ses besoins en luminosité, en arrosage, etc.

l'identifier

Une autre moyen d'avoir une plante dans son intérieur, c'est de la recevoir en cadeau ! Et quand on nous offre une nouvelle plante, on a rarement les bonnes informations pour l'entretenir et il arrive même parfois de ne pas connaître son nom...

01 | Photo !

La solution la plus simple est de photographier votre plante et d'utiliser une application pour vous aider à l'identifier. Je vous conseille d'en utiliser plusieurs, puis de vérifier les données sur Internet ou dans les livres.

02 | Les applications

Sur nos téléphones mobiles, il existe plusieurs applications comme Seek ou encore PlantNet pour identifier rapidement vos plantes. Vous pouvez ensuite, avec son nom, vous renseigner sur Internet sur ses besoins, comment l'exposer, comment l'arroser et comment l'entretenir. Mais vérifiez sur plusieurs sites car des informations contradictoires peuvent vous induire en erreur.

03 | Discussions en ligne

Parcourez des blogs, visitez sur des sites de vente en ligne ou regardez des vidéos sur YouTube afin de vous faire une première idée sur l'entretien de votre plante.

comment la choisir ?

Au moment d'acheter une plante verte, on se trouve nez à nez avec plusieurs choix possibles et le vendeur ne nous conseille que rarement : il nous laisse faire NOTRE choix ! Comment choisir la bonne plante sans se tromper ? On nous conseille souvent de vérifier le feuillage, mais ce n'est pourtant pas la seule chose à regarder !

01 | Inspectez le feuillage

Même si cela paraît évident, je vous conseille d'inspecter minutieusement le feuillage de votre coup de cœur pour vérifier que votre plante verte n'héberge pas des parasites et qu'elle se porte bien ! Car oui, le feuillage est le premier signe de bonne santé de votre plante d'intérieur. Vérifiez le dessus ainsi que le dessous des feuilles et prenez votre temps. Si vous observez des taches, des insectes, des feuilles collantes, des feuilles colorées, passez votre chemin !

02 | Observez les tiges

Vérifiez qu'il n'y ait pas de blessures importantes et que les tiges soient en bonne santé. Contrôlez que votre plante n'ait pas de taches noires sur la partie basse et surtout pas de parasites !

03 | Vérifiez les racines

Dernière étape qu'on a parfois du mal à oser faire en jardinerie : regarder les racines de la plante verte. Sortez le pot en plastique de son cache-pot et regardez si les racines sortent du pot. Si les racines sortent, ce n'est pas synonyme de mauvaise santé mais plutôt signe d'un rempotage précoce.

En plus de ces différents conseils, il existe plusieurs aspects à vérifier pour chaque plante verte mais cela varie d'une espèce à une autre. Dans chacune des fiches, vous trouverez le moyen de choisir le spécimen idéal !

Quoi qu'il arrive, si vous avez un doute, passez votre chemin !

les animaux de compagnie

Quand on souhaite ajouter de nouvelles plantes vertes à son intérieur, cela peut devenir assez compliqué si on doit les faire cohabiter avec nos petites boules de poils. Certaines plantes sont toxiques pour les animaux de compagnie : chat, chien, lapin...

PET FRIENDLY ?

Une plante toxique ne signifie pas qu'elle ne peut pas se retrouver dans la même pièce que votre animal. Cela ne veut pas dire non plus que si votre chien touche votre plante, il risque le pire mais plutôt qu'il faut éviter que votre animal de compagnie ne commence à manger les feuilles.

Liste de plantes communes non toxiques :

Aeschynanthus, calathéa, ctenanthe, fatsia, fittonia, hoya, kentia, pachira, pépéromia, piléa, tillandsia, tradescantia...

Liste non exhaustive de plantes toxiques :

Alocasia, ananas, *begonia maculata*, dieffenbachia, dracaena, ficus, monstéra, philodendron, *Sansevieria*, schefflera, pothos, strélitzia, syngonium, yucca, *Zamioculcas*, spathiphyllum, oxalis...

les accessoires

Quelques accessoires peuvent s'avérer assez utiles pour embellir vos plantes vertes mais aussi pour les entretenir. Vous avez l'embarras du choix mais justement, quand il y a trop de choix, on ne sait jamais lequel prendre !

01 | Cache-pot

Le cache-pot est l'accessoire indispensable pour protéger votre mobilier ! Les pots en plastique ou en terre cuite sont souvent percés dans le fond afin d'éviter d'avoir de l'eau stagnante. Si vous posez votre pot en plastique directement au contact de votre meuble, vous risquez de le tacher lors de l'arrosage... C'est pour cette raison qu'un cache-pot est assez précieux. En plus d'ajouter une décoration supplémentaire, il permet de stabiliser votre plante verte et de cacher les pots parfois disgracieux.

Pour choisir le bon cache-pot, je vous conseille de laisser au minimum 2 à 3 cm entre votre pot et votre cache-pot pour laisser l'air circuler mais aussi pour vous permettre de sortir votre pot facilement et de pouvoir retirer l'excès d'eau présent dans le fond.

02 | Coupelle

Voici la fameuse coupelle qu'on associe assez souvent avec les pots en terre cuite ! Et pour cause, les pots en terre cuite sont percés au fond afin d'évacuer l'excédent d'eau qui se retrouve inexorablement dans la coupelle. Les coupelles permettent de protéger votre mobilier mais aussi d'améliorer l'humidité ambiante quand on les associe à des billes d'argile humides.

ROSTAING

les outils

Il est indispensable pour bien entretenir vos plantes vertes de vous outiller convenablement.

01 Paire de gants

En plus de vous épargner les ongles terreux au moment du rempotage, les gants sont très utiles pour entretenir vos plantes les plus piquantes comme les cactus, mais aussi pour couper les plantes à la sève irritante comme les ficus.

02 Bac de rempotage

Si vous voulez éviter de salir votre intérieur et de mettre de la terre un peu partout, je vous conseille d'investir dans un bac de rempotage. Il est utile au moment de rempoter vos plantes vertes, mais il peut vous permettre aussi de réaliser votre substrat ou d'égoutter vos plantes vertes après les avoir bassinées. Il sert également à stocker vos différents outils toute l'année !

03 Sécateur

Un incontournable pour les passionnés de plantes vertes ! Avec cet outil, vous allez pouvoir réaliser une taille précise pour redonner une jolie forme à votre plante ou encore retirer les feuilles abîmées. Le sécateur vous servira aussi à réaliser des boutures ou à couper les racines abîmées au moment du rempotage.

04 Ciseaux de jardinage

La paire de ciseaux de jardinage est un incontournable, même si vous pouvez vous en passer avec un bon sécateur. Les ciseaux de jardinage vous éviteront d'utiliser un outil de coupe disproportionné par rapport à la taille à réaliser. Si vous devez tailler des tiges, le sécateur est l'outil parfait mais, pour des feuilles, les ciseaux de jardinage sont plus appropriés.

05 Une mini-serre

Elle est toujours utile, surtout si vous souhaitez faire germer quelques noyaux ou pépins. Une serre vous permet de garder un taux d'humidité assez important et de maximiser vos chances de réussite. Vous ne risquez pas de l'utiliser au quotidien mais si vous voulez multiplier vos plantes pour agrandir votre collection gratuitement, la mini-serre peut devenir l'outil incontournable.

06 Désinfecter son outillage

N'oubliez pas de désinfecter vos outils après utilisation ou si vous changez de plante, au risque de propager des maladies. Pour cela, vous pouvez brûler la lame avec un briquet ou la nettoyer avec un coton imbibé d'alcool à 70 °C.

l'accueillir

Une fois votre plante verte en main, vous vous demandez comment l'accueillir dans les meilleures conditions. Quels bons gestes à respecter pour éviter de trop la stresser ? Car, c'est inévitable, vous allez la stresser !

01 | Transportez votre plante

Le transport, c'est l'une des premières choses à faire convenablement afin d'éviter de choquer votre plante verte mais surtout pour lui épargner un gros stress. Le risque ? Lui faire perdre quelques feuilles, quelques fleurs, voire de la tuer ! Les plantes d'intérieur sont assez fragiles surtout en hiver. Si vous achetez une plante verte pendant une période de grand froid, je vous conseille de la protéger au maximum avec un carton et un emballage. Ne la laissez pas dans votre voiture pendant plusieurs heures après l'acquisition, elle risque de prendre froid. Rentrez donc directement chez vous pour la mettre au chaud rapidement. Ne la mettez pas non plus en plein courant d'air dans la voiture et pensez surtout à bien la caler pour que le pot ne se renverse pas et que votre plante ne perde pas son substrat.

02 | Déballez-la

Une fois que votre plante verte est bien arrivée chez vous, retirez rapidement son emballage en prenant soin de ne pas l'abîmer. Si, malgré toutes vos précautions, vous observez quelques feuilles abîmées, vous pouvez les retirer à l'aide de votre paire de ciseaux de jardinage ou de votre sécateur.

03 | Isolez-la

La pauvre ! À peine dans votre intérieur, vous devez déjà l'isoler ! Ce conseil est surtout valable si vous avez d'autres plantes vertes ! Pourquoi ? Tout simplement pour éviter la transmission à vos anciennes plantes de nuisibles qui auraient pu s'établir chez la nouvelle venue ! Placez donc votre plante verte dans une pièce qui correspond à ses besoins, mais loin des autres.

04 | Inspectez ses feuilles

Après avoir isolé votre dernier coup de cœur, prenez le temps de nettoyer les feuilles en dessous et au-dessus et profitez-en pour les inspecter minutieusement. Cette étape est très importante pour vérifier l'absence de parasites sur le feuillage, et vous permettra d'agir le plus rapidement possible si besoin. Utilisez de préférence de l'eau à température ambiante et de l'eau non calcaire. Prenez le temps !

05 | Arrosage ou non ?

Si vous observez que le substrat est totalement sec, arrosez votre plante verte, sinon patientez. Laissez votre plante d'intérieur s'acclimater à son nouvel environnement pendant quelques jours avant de l'arroser.

06 | Rempotage ou non ?

Même s'il est conseillé de rempoter votre plante après son acquisition, je pense qu'il vaut mieux attendre une dizaine de jours avant de réaliser cette opération. Vous venez déjà de la stresser en la changeant d'environnement, ce n'est pas le moment d'en rajouter. Si les racines sortent totalement du pot ou si votre terreau est envahi de moucherons, alors dépêchez-vous de la rempoter !

07 | Déplacez-la

Au bout d'une dizaine de jours, après avoir bien observé votre plante verte, il est temps de lui trouver sa place et de l'inviter à côté de vos autres plantes. Prenez le temps de lui trouver l'emplacement idéal en fonction de ses besoins et continuez à la surveiller afin de vite réagir en cas de problème.

l'emplacement idéal

Au moment de placer sa plante verte dans son intérieur, on ne sait jamais si l'endroit est idéal. On pense à regarder la luminosité, parfois l'air ambiant ou les courants d'air … mais on n'est jamais sûr de soi à 100 % !

01 | Les besoins de la plante

L'une des informations les plus importantes à demander et à retenir lors de l'achat de la plante verte est ses besoins : en lumière, en eau, en température... Et les besoins d'une plante peuvent être très différents selon l'espèce ou la variété ! On a souvent ces informations sur le pot quand on l'achète en jardinerie, ou sur l'étiquette attachée à la plante verte. Sinon, on peut les retrouver sur Internet.

On a donc l'impression d'avoir toutes les informations nécessaires pour bien s'occuper de notre nouvelle plante verte mais le problème, c'est que chaque information est libre d'interprétation... Que signifie une pièce peu lumineuse ou un arrosage régulier ? L'important est surtout de comprendre son besoin en termes d'exposition, car cela vous guidera pour trouver l'emplacement idéal dans votre intérieur.

02 | La place disponible

Autre élément important à prendre en compte quand on adopte une nouvelle plante d'intérieur, c'est de savoir si l'emplacement choisi sera adapté à son évolution. On peut toujours déplacer la plante verte selon la saison, mais autant lui trouver tout de suite l'emplacement où elle pourra s'épanouir au fil du temps. Par exemple, si vous adoptez une plante grimpante, il faudra lui prévoir une structure pour lui permettre de s'étendre.

03 | Vos envies

Demandez-vous pourquoi vous avez acheté cette nouvelle plante. Est-ce pour son odeur parfumée ? Pour son style qui vous permet de vous évader ? Ou tout simplement pour apporter une touche de couleur dans votre intérieur ? Son emplacement se fera donc selon vos envies... Sur mon bureau, j'adore changer ma plante en fonction de mon humeur et surtout en fonction du travail que je dois effectuer. Je cherche de l'inspiration pour écrire mon livre ? Je m'oriente vers un calathéa. Je veux m'évader ? Je m'accompagne davantage d'un monstéra, etc.

04 | Loin des yeux, loin du cœur...

Attention à intégrer vos plantes vertes dans votre routine et de les surveiller du coin de l'œil. Il est sûr que si on place une plante verte dans une chambre d'amis mais qu'on ne s'y rend qu'une fois par mois, on peut vite l'oublier et se rendre compte trop tardivement qu'elle ne va pas bien.

05 | Une idée reçue, la chambre !

On a tous déjà entendu cette phrase : « Jamais de plantes vertes dans une chambre. » Cette phrase a longtemps résonné dans ma tête... Et pourtant, ce ne sont que des inepties ! Certains vous expliqueront qu'à l'hôpital, on nous interdit d'avoir une plante verte, mais ce n'est en aucun cas en lien avec la qualité de l'air. C'est plutôt pour des questions bactériologiques. Effectivement, une plante respire et, la nuit, elle absorbe de l'oxygène et rejette du dioxyde de carbone... mais pas au risque de vous asphyxier ! Une plante verte absorbe beaucoup plus de dioxyde de carbone qu'elle n'en rejette sur un cycle de 24 heures.

Le seul petit bémol que j'ajoute sur le placement de certaines plantes vertes dans une chambre, c'est l'odeur parfumée de certaines floraisons qui peut être entêtante.

l'exposition

Quand on essaie de comprendre l'exposition d'une plante verte, on est souvent pris au dépourvu. Il faut connaître la différence entre la lumière directe et la lumière indirecte, mais aussi entre la lumière indirecte et la mi-ombre... Et enfin, il faut bien observer les plantes pour les placer aux endroits adéquats !

01 | La photosynthèse

Les plantes vertes absorbent, grâce à leur système racinaire, de l'eau et des sels minéraux contenus dans le sol afin de se développer. Elles absorbent aussi du dioxyde de carbone contenu dans l'air pour rejeter du dioxygène. C'est ce que l'on appelle la photosynthèse, terme que nous avons, pour la plupart d'entre nous, entendu au collège lors de nos cours de sciences.

Grâce à ce procédé, les plantes utilisent l'énergie solaire pour changer l'eau et le dioxyde de carbone en glucose, et finalement rejeter du dioxygène. Le glucose permet à la plante de synthétiser toutes les molécules organiques nécessaires à sa vie. La plante peut ainsi se nourrir et se développer.

C'est pour cette raison qu'une plante verte a besoin de lumière, d'eau et de nutriments dans son substrat. Mais chaque plante a des besoins spécifiques en fonction de son environnement d'origine.

02 | L'exposition de son intérieur

Comme chaque plante a des besoins spécifiques, chaque exposition requiert son propre ensoleillement. Il vaut mieux connaître l'orientation de son intérieur, de ses différentes sources de lumière pour ensuite pouvoir acheter telle ou telle plante et pour savoir où placer sa nouvelle plante verte. N'hésitez pas à utiliser la boussole de votre téléphone pour connaître l'orientation de vos sources lumineuses !

03 | Nord

Contrairement à ce que l'on pense, le nord est une exposition qui convient à de nombreuses plantes d'intérieur. Même si la luminosité est faible, elle reste constante sans soleil direct. Avec une exposition nord, vous ne risquez pas de brûler le feuillage de vos plantes vertes !

04 | Sud

Cette orientation opposée au nord est la plus ensoleillée. La luminosité est beaucoup plus importante et une pièce au sud bénéficie souvent du soleil direct. Prenez donc le soin d'éloigner vos plantes d'intérieur ou de les placer derrière un léger voilage afin de les protéger des coups de soleil. Ces coups de soleil provoquent des brûlures sur le feuillage mais aussi un assèchement plus rapide du substrat.

05 | Est

L'orientation est est souvent très appréciée des *plants addicts*, car son ensoleillement arrive rapidement en début de journée et décline en fin de journée. Avec un ensoleillement matinal, vous ne risquez pas d'avoir des températures aussi élevées qu'avec une orientation sud.

06 | Ouest

L'orientation ouest est, quant à elle, très intéressante avec une belle luminosité l'après-midi et surtout en fin de journée. Mais attention à la hausse des températures et à la chaleur qui peut augmenter rapidement en fin de journée pour décliner une fois le soleil couché.

Bien entendu, en fonction de la saison, l'intensité et la quantité de lumière varient. En été, une fenêtre orientée sud a une intensité lumineuse plus importante qu'en hiver. On peut donc déplacer nos plantes vertes d'une saison à l'autre. Plus vous éloignez votre plante verte d'une fenêtre, et moins la luminosité sera importante !

07 | Mais alors quelle est la différence ?

La lumière directe, c'est la lumière la plus intense, celle qui peut provoquer des brûlures sur le feuillage des plantes, surtout si vous ne mettez pas de voilage entre la fenêtre et votre plante verte. C'est souvent la lumière qui rentre par les fenêtres orientées à l'ouest et au sud.

La lumière indirecte, c'est la lumière qui rentre par les fenêtres exposées au nord ou à l'est. De plus, si vous éloignez suffisamment votre plante verte de votre fenêtre orientée au sud, sa lumière deviendra indirecte.

le luxmètre

Vous ne savez jamais quand arroser votre plante verte ? Ou si votre plante verte reçoit suffisamment de lumière ? Connaissez-vous le testeur de sol 3-en-1 ? Cet outil permet de mesurer l'humidité du sol, la luminosité captée et, pour finir, le pH de votre sol !

Testeur 3-en-1

Même si beaucoup de personnes trouvent cet outil inutile, il est tout de même assez pertinent si vous avez la mauvaise habitude de faire mourir toutes les plantes vertes qui croisent votre chemin ! Ce testeur permet, au travers d'un bouton sur la façade, de tester l'humidité du terreau, la luminosité mais aussi le pH de votre sol, c'est-à-dire le degré d'acidité ou d'alcalinité du sol. Je conseille souvent cet outil aux personnes qui ont la main un peu lourde sur l'arrosage. C'est d'ailleurs l'une des seules fonctionnalités que j'utilise pour certaines de mes plantes comme les cactus.

01 | Niveau d'humidité

Le niveau d'humidité calcule l'humidité de votre sol quand vous enfoncez les sondes dans le pot de votre plante verte. Si la jauge de l'écran s'oriente vers « WET », c'est que votre sol est encore bien trop humide alors qu'à l'inverse, si la jauge s'oriente vers « DRY », c'est que vous pouvez arroser votre plante verte ! Mais savez-vous que nous avons tous une sonde d'humidité ? Eh oui, je pense bien entendu à notre index. Si vous enfoncez votre doigt jusqu'à la deuxième phalange dans le sol de votre pot et qu'au moment de le sortir, vous observez du terreau humide qui colle à votre doigt, c'est que le sol est encore humide ! Mais alors, pourquoi j'utilise cet outil. Et surtout, pourquoi je le recommande aux *plants killers* ? Car il permet au début de se rassurer et d'éviter les doutes, car on a toujours tendance à trop arroser une plante verte. Il sert aussi à aller plus bas dans le sol pour s'assurer que les racines en profondeur ne sont pas encore dans un sol humide. Il permet aussi de réaliser cette opération sur les cactus sans se mettre des épines plein les doigts.

02 | Luminosité

La deuxième fonctionnalité permet de calculer la luminosité sous laquelle se trouve votre plante verte. Si la jauge de l'écran se positionne vers « DARK », c'est que votre plante est dans le noir complet et, à l'inverse, si elle s'oriente vers « LIGHT », c'est que votre plante verte est au contact du soleil. Super, mais inutile selon moi car ce capteur fonctionne uniquement à un instant T et non toute la journée avec une moyenne. Vos yeux sont bien suffisants pour effectuer le travail. Si vous voulez en revanche connaître l'intensité lumineuse d'un endroit avant d'y placer votre plante verte, vous pouvez installer une application du type « LightMeter » sur votre smartphone. Et pour connaître l'intensité lumineuse et l'orientation de vos sources lumineuses, utilisez dans un premier temps la boussole de votre smartphone.

03 | PH

Le dernier capteur de ces testeurs permet de calculer le degré d'acidité ou d'alcalinité de votre sol. On peut obtenir une information très importante et intéressante quand on sait que certaines plantes vertes ont des préférences. Malheureusement, cela ne fonctionne pas vraiment... Les résultats sont assez aléatoires au fil de la semaine et surtout en fonction de l'humidité du sol.

À L'AIDE ! PLANT MAN

Cet outil est-il donc utile ou non ?

On a l'impression qu'on utilisera seulement une fonctionnalité sur les trois proposées. Je dirais qu'on peut s'en passer si on n'a pas la main lourde et qu'on ne tue pas toutes les plantes vertes qu'on nous offre. Sinon, il peut être utile d'en acheter un pour débuter afin de se donner des repères et de se rassurer.

l'air

Pour trouver l'emplacement idéal pour une plante verte, on parle souvent de l'exposition ou de l'air ambiant, mais on oublie souvent de parler des courants d'air froid qui peuvent perturber le bon développement de votre plante.

01 | L'air ambiant

L'air ambiant est souvent un élément perturbateur surtout en hiver, car il est souvent trop sec ! C'est pour cette raison que l'on préconise d'éloigner les plantes vertes des différentes sources de chaleur comme les radiateurs ou encore les poêles à bois. Malgré tout, l'air est souvent trop sec dans certaines pièces de la maison et impossible de mettre toutes nos plantes dans une salle de bain, surtout si celle-ci manque de lumière !

02 | Hygrométrie

L'hygrométrie est le taux d'humidité présent dans l'air ambiant. On utilise souvent des hygromètres pour calculer ce taux et ainsi pouvoir déterminer si l'air ambiant est suffisamment humide pour notre plante verte. L'humidité ambiante idéale sera située autour des 70 %. Malheureusement, il est assez rare d'avoir une telle humidité dans nos intérieurs et pourtant, il est tout à fait possible d'avoir de magnifiques plantes d'intérieur. Pour humidifier l'air, vous pouvez opter pour l'installation d'un humidificateur ou de billes d'argile.

03 On observe

Le manque d'humidité ambiante se caractérise par l'apparition de taches brunes, de pointes sèches au niveau des feuilles. On profite de nettoyer les feuilles pour bien observer et on peut, si besoin, déplacer la plante.

04 On brumise

Pour éviter de les déplacer sans cesse, vous pouvez brumiser le feuillage de la plupart des plantes afin de leur apporter l'humidité dont elles ont besoin. Vous pouvez réaliser cette opération une fois par semaine, surtout en hiver où le taux d'humidité est plus bas.

05 On installe des billes d'argile

Pour certaines plantes, il sera nécessaire d'ajouter une coupelle en dessous du pot avec des billes d'argile et de l'eau. Pour que cela fonctionne, vous devez utiliser une coupelle plus large que votre pot pour que l'humidité s'échappe autour du pot et non sous le pot. Évitez que votre pot soit au contact de l'eau mais faites attention qu'il soit au contact des billes d'argile. Vous pouvez regrouper plusieurs plantes dans la même coupelle !

06 Les courants d'air

En plus de l'air ambiant, certaines plantes n'apprécient pas les changements de température brutaux liés à un courant d'air, à l'ouverture d'une fenêtre ou d'une porte. Cela peut se produire assez souvent l'hiver quand on aère nos intérieurs mais aussi quand on décide de mettre une plante verte dans une entrée.

on observe sa nouvelle plante

La plus grande qualité d'une personne qui a ce qu'on appelle la main verte est l'observation ! Nos plantes vertes nous montrent quand elles ont des problèmes, mais encore faut-il les comprendre pour agir rapidement…

01 | La main verte

J'adore cette métaphore de la main verte mais autant vous le dire, je trouve que c'est une affabulation… Pour être doué dans un domaine, il faut de la pratique, de l'exercice, du travail et surtout une certaine sensibilité avec l'activité. Alors oui, certaines personnes sont douées avec les plantes, mais qui n'a jamais fait périr une plante verte ? Moi le premier ! Et il m'arrive encore de commettre des erreurs, mais rien n'est irrécupérable, sauf si on arrose beaucoup trop… Je pense qu'une personne qui a la main verte est une personne qui prend le temps de regarder et surtout de comprendre pourquoi une plante verte réagit de telle ou telle manière. Et surtout, on observe de façon quotidienne ses plantes, car il vaut mieux agir rapidement que laisser certains problèmes s'installer.

02 L'observation

Intégrez cette habitude dans votre routine quotidienne. Prenez le temps en journée, en même temps que vous buvez votre café, pour observer, inspecter vos plantes d'intérieur. Plus on réagit rapidement quand on observe un problème, plus on évitera de gros ennuis ! Profitez de cette routine pour nettoyer les feuilles, brumiser, arroser votre plante ou encore couper quelques feuilles abîmées. Observer, c'est surtout inspecter, toucher les feuilles, inspecter le terreau, regarder et toucher les tiges ainsi que le tronc. Pourquoi ? Pour vérifier l'absence de pourriture, de taches et surtout de nuisibles.

03 Les feuilles

Quand vous inspectez les feuilles de votre plante d'intérieur, regardez le dessus mais aussi le dessous. Pour les plantes les plus grandes, regardez les feuilles du bas ainsi que les feuilles du haut. N'hésitez pas à toucher les feuilles pour voir si la texture n'est pas modifiée. Si les feuilles deviennent collantes, par exemple, c'est qu'il y a un problème ! Profitez-en pour nettoyer les feuilles avec de l'eau claire pour éviter les taches de calcaire. Coupez les feuilles abîmées ou jaunes.

04 Le terreau

Inspectez la surface du terreau, regardez s'il n'a pas une couleur inhabituelle, si vous voyez un champignon ou encore des larves ! Profitez-en pour toucher votre terreau en surface pour voir si votre plante a besoin d'un arrosage. Aérez votre intérieur afin d'éviter le développement des maladies fongiques.

05 Les tiges et le tronc

Inspectez et touchez les tiges de votre plante afin de vérifier que les tiges ne soient pas molles ou fragiles. Inspectez les ramifications entre les feuilles et la tige, c'est un lieu qu'apprécient particulièrement les cochenilles. Profitez-en pour les nettoyer de temps en temps avec un coton.

Un champignon pousse à la base de votre plante verte ?

Ce n'est rien de grave, rassurez-vous, mais il est sûrement toxique pour vos petites boules de poils. Retirez-le puis, pour éviter qu'il ne revienne, déposez une cuillerée à café de cannelle et mélangez-la avec le terreau en surface.

on arrose !

Une fois que vous avez trouvé l'emplacement idéal et après avoir attendu une dizaine de jours, il est temps d'arroser votre plante d'intérieur. Attention, même si votre plante a soif, l'arrosage peut aussi devenir le pire ennemi de votre plante, surtout si vous ne respectez pas ses besoins !

01 | On touche le substrat

Quoi qu'il arrive et quelle que soit la saison, n'hésitez pas à utiliser vos doigts pour toucher le substrat afin de vous rendre compte si ce dernier est humide en surface, puis un peu plus en profondeur. Même si ce conseil a ses limites, il reste un bon indicateur surtout quand la fiche de la plante nous dit d'attendre que le substrat sèche en surface entre chaque arrosage. Enfoncez simplement votre doigt dans la terre sur la longueur d'une phalange. Si, quand vous sortez votre doigt, ce dernier contient de la terre, c'est que le substrat est certainement encore humide !

02 | On observe le feuillage

La plupart du temps, votre plante verte peut vous alerter d'un manque d'arrosage au travers de son feuillage : avec des feuilles tombantes chez le fittonia, avec des feuilles qui s'enroulent comme pour le pothos ou encore avec des feuilles qui deviennent molles comme chez les succulentes. D'autres plantes vertes ont des racines qui changent de couleur, c'est le cas de l'orchidée. Les siennes deviennent grises quand il est temps de l'arroser.

05 | Eau à température ambiante

On s'abstient d'utiliser de l'eau trop chaude ou à l'inverse trop froide. En hiver, vous pouvez utiliser l'eau de pluie souvent stockée en extérieur, mais laissez-la se réchauffer pendant au moins 24 heures avant de l'utiliser. On évite le choc thermique qui peut brûler les racines et fatiguer votre plante verte ! C'est pour cette raison que je conseille d'avoir plusieurs arrosoirs, afin de laisser l'eau monter ou descendre en température avant de s'en servir.

03 | On soupèse le pot

Une autre astuce consiste à soupeser le pot avant et après arrosage afin d'avoir un autre repère et de déterminer si la motte est encore humide ou non. Cette astuce est assez simple à mettre en place sur des plantes avec des pots en plastique et surtout avec des plantes assez petites !

04 | On observe

On regarde nos plantes afin de comprendre leurs besoins. Profitez d'un café chaud le matin ou d'une pause pour admirer vos plantes, toucher leurs substrats, soupeser leurs pots... C'est l'un des conseils les plus avisés plutôt que de suivre un planning régulier ! Aucune fréquence d'arrosage n'est identique en fonction de nos intérieurs. N'oubliez pas que les besoins de vos plantes vertes varient en fonction de la saison. Au printemps et en été, une plante a besoin d'un arrosage plus fréquent qu'en période de dormance.

06 | Arrosage par le dessus

L'arrosage par le dessus est l'arrosage le plus fréquent. Assurez-vous néanmoins d'arroser uniformément votre plante pour que le système racinaire se développe sur toute la surface du pot. Pensez à arroser du centre vers les bords et, pour certaines plantes, on évite d'arroser le tronc !

07 | Arrosage par le bas

L'arrosage par le bas permet de s'adapter aux besoins de la plante mais aussi d'éviter d'humidifier le terreau en surface et ainsi de prévenir l'apparition de moucherons de terreau. Pour bassiner vos plantes, remplissez un récipient d'eau puis placez-les au centre de manière que le pot soit immergé à hauteur de 30 % environ. Laissez votre plante pendant environ 15-20 minutes puis égouttez-la avant de la replacer dans son cache-pot.

08 | Eau du robinet ou eau de pluie ?

Quoi qu'il arrive, l'eau de pluie reste l'eau la plus appréciée par les plantes vertes. En plus de faire des économies, vous aurez une eau non chargée en calcaire contrairement à l'eau du robinet. Malheureusement, il n'est pas toujours simple de récupérer l'eau de pluie, surtout si on habite en appartement. Mais savez-vous qu'il est possible d'utiliser l'eau de cuisson ? Vous pouvez récupérer l'eau du riz, des œufs, des pâtes ou encore des légumes pour arroser vos plantes d'intérieur. Assurez-vous de ne pas utiliser de sel pour la cuisson et que l'eau ait bien refroidi avant de l'utiliser. En revanche, on n'utilise pas l'eau de cuisson des pommes de terre pour arroser. Cependant, si vous devez utiliser l'eau du robinet, je vous conseille de la filtrer avant de l'utiliser ou de la laisser reposer plusieurs heures avant l'arrosage.

09 | On évite l'eau stagnante

Pour éviter que les racines de votre plante ne soient au contact de l'eau dans le fond du pot, assurez-vous que son pot soit percé et évitez de laisser le surplus d'eau après chaque arrosage au fond de la coupelle ou du cache-pot. Je vous conseille de sortir les pots de vos cache-pots pour éviter ce genre de problème et surtout que le cache-pot ne s'abîme avec le temps...

les accessoires pour l'arrosage

Pour bien arroser vos plantes vertes, il vous faut différents outils et certains sont plus qu'utiles, surtout quand on pense ne pas avoir la main verte ou quand on part en vacances !

01 | Arrosoir

Un essentiel à avoir afin d'entretenir ses plantes vertes sans mettre de l'eau partout ! Un arrosoir permet aussi de stocker de l'eau à proximité de vos différentes plantes pour qu'elle soit toujours à température ambiante avant utilisation. Je vous conseille d'avoir plusieurs arrosoirs de différentes tailles. En plus, ils permettent d'apporter aussi une touche décorative à votre intérieur !

02 | Pulvérisateur

Si vous souhaitez brumiser vos plantes tropicales pour améliorer l'humidité ambiante, pour faciliter le nettoyage des feuilles ou encore pour pulvériser une solution visant à vous débarrasser de potentiels nuisibles, cet outil est fait pour vous ! Il en existe de plusieurs sortes et encore une fois, vous pouvez en profiter pour en acheter plusieurs afin de décorer votre intérieur mais aussi pour en avoir toujours un à portée de main.

03 | Poire d'arrosage

Même si on a l'impression que la poire d'arrosage est un accessoire facultatif, elle est parfaite pour arroser des plantes possédant un feuillage touffu. La poire est plus maniable qu'un arrosoir et, avec son embout douchette, elle permet d'éviter d'arroser le feuillage !

04 | Humidimètre

C'est un capteur d'humidité. Cet outil est souvent vendu avec 3 fonctionnalités : l'une pour calculer l'humidité présente dans le substrat, une autre pour calculer la luminosité et la dernière pour connaître l'acidité du sol. C'est un outil très précieux, surtout si vous pensez avoir la main lourde sur l'arrosage ! Il permet de savoir assez facilement si le substrat est encore humide en profondeur alors qu'il peut être sec en surface.

05 | Bassine

Afin de vous permettre de bassiner, c'est-à-dire de baigner vos plantes vertes, je vous conseille d'avoir des bassines de différentes tailles. Les bassines peuvent également se montrer très pratiques si vous les placez à des endroits stratégiques pour récupérer l'eau et ainsi éviter de gaspiller cette ressource précieuse !

06 | Oyas

Si vous pensez parfois trop arroser ou si vous vous absentez souvent, les oyas sont vos meilleurs alliés. C'est une solution parfaite pour arroser vos plantes vertes en totale autonomie. Il s'agit de poteries en céramique qui diffusent lentement l'humidité nécessaire aux plantes vertes.

07 | Billes d'argile

Très utiles, surtout en hiver quand on commence à chauffer nos intérieurs, les billes d'argile associées à une coupelle vont permettre d'améliorer l'humidité ambiante autour de la plante et vous éviter de voir son joli feuillage brunir.

on en profite

Quand on achète une plante verte, c'est avant tout pour se faire plaisir mais aussi pour décorer notre intérieur, pour ajouter une touche de fraîcheur et d'exotisme. Mais savez-vous que certaines plantes apportent bien plus que de la couleur dans un intérieur ?

01 | Le moral

Quand on regarde une plante verte, on a tout de suite l'impression de voyager, de se retrouver dans un autre pays. Quand on observe de plus près les feuilles, on repère tout de suite le moindre détail, les nervures sur les feuilles. Chaque plante, chaque feuille est unique. Observer une plante verte, c'est comme rester des heures devant une œuvre d'art. En même temps, chaque plante est une œuvre unique que la nature nous offre !

02 | Qualité de l'air

C'est l'une des propriétés les plus connues : les plantes permettent de purifier notre intérieur, et même de le dépolluer ! Les plantes d'intérieur jouent un rôle sur les particules en suspension, elles les absorbent afin de les stocker. Ces particules absorbées iront dans le substrat grâce aux racines. Certaines plantes ont même des particularités spécifiques pour purifier nos intérieurs comme l'anthurium, l'aréca, le chlorophytum, le chrysanthème, le dracaena, le lierre, le pothos ou encore le syngonium.

03 | Humidifier l'air

L'air ambiant de nos intérieurs est souvent trop sec... Regrouper des plantes vertes permet de créer un petit écosystème plus humide. L'air rejeté par les plantes sera plus humide que l'air ambiant, mais cela provoque un assèchement plus rapide de vos plantes.

04 | L'acoustique

Le moindre son résonne ? Vous avez pourtant ajouté un tapis, des cadres, des meubles ? Les feuilles des plantes jouent un rôle phonique sur les bruits ambiants. Disposez des plantes de différentes tailles et de différentes familles afin d'avoir des feuilles plus grandes, plus petites, plus épaisses...

05 | Anti-ronflements

Connaissez-vous la plante anti-ronflements ? Je parle du bromélia ananas. Oui vous ne rêvez pas, il s'agit bien de la plante qui donne des ananas ! Cette plante verte est conseillée pour les personnes qui ronflent, car elle dégage de l'oxygène même la nuit. Alors, je ne sais pas si cela fonctionne à 100 % mais la plante ajoutera une jolie touche déco à votre chambre !

on nettoie ses plantes

En plus de dépoussiérer vos meubles, vous allez maintenant devoir nettoyer les feuilles de vos plantes vertes ! Cela peut parfois être assez long en fonction de la plante verte que l'on vient d'adopter et parfois plus rapide si votre plante a de grandes feuilles. Mais c'est une opération nécessaire au bon développement de votre petite protégée !

01 | L'utilité

Le nettoyage des feuilles permet, dans un premier temps, de retirer la pellicule de poussière qui se dépose sur l'ensemble des feuilles. Ce phénomène est souvent plus prononcé en hiver quand on commence à chauffer nos intérieurs. Cette poussière risque d'étouffer votre plante verte en bouchant les stomates des feuilles et ainsi l'empêcher de se développer correctement. Ce nettoyage permet aussi de favoriser la photosynthèse, car votre plante recevra une quantité de lumière plus importante sans cette couche de poussière ! Le nettoyage vous permettra enfin de vérifier l'absence de parasites sur les feuilles et de pouvoir vite agir en conséquence.

02 | L'éponge

Pour la plupart des plantes vertes, munissez-vous simplement d'une éponge douce, d'une microfibre ou d'un chiffon humidifiés. Utilisez si possible de l'eau à température ambiante, de l'eau de pluie ou de l'eau filtrée pour éviter de tacher le feuillage avec des traces de calcaire. Placez une main en dessous de votre feuille et l'autre main avec la microfibre sur le dessus pour tenir votre feuille et la nettoyer délicatement. Les feuilles sont très fragiles, donc prenez votre temps. Réalisez cette opération sur le dessus et sur le dessous des feuilles.

03 | La douche

Le nettoyage à la main peut s'avérer fastidieux, surtout si votre plante possède beaucoup de petites feuilles. Je pense tout de suite au zamioculcas zamiifolia. Ou encore, si vous venez de réaliser un ponçage de votre intérieur et que votre plante est pleine de poussière... Déposez votre plante dans votre bac de douche, puis douchez-la avec de l'eau à température ambiante. Contrôlez la puissance du jet afin d'éviter une nouvelle fois d'abîmer les feuilles. Pour ne pas arroser le substrat, vous pouvez enfermer le pot dans un sac plastique.

04 | Le pinceau

Comme les autres plantes, les cactus n'aiment pas la poussière mais hors de question de les doucher et encore moins d'utiliser un sèche-cheveux pour la retirer. Utilisez un pinceau ou une brosse à poils souples pour les dépoussiérer. Faites attention car les cactus piquent mais restent fragiles ! Pensez à pencher légèrement le pot pour éviter de faire tomber la poussière au-dessus du substrat.

Conseils

Une fois que l'on sait comment nettoyer le feuillage de ses différentes plantes d'intérieur, on se demande simplement à quelle fréquence nous devons le faire ! En hiver, nos intérieurs sont plus poussiéreux qu'en été. Je vous conseille de nettoyer au minimum une fois par mois l'ensemble du feuillage.

Dans une cuisine, le feuillage d'une plante verte peut rapidement devenir sale et collant malgré un nettoyage à l'eau claire. Cela risque de ne pas être suffisant. Afin d'aider votre plante verte, vous pouvez ajouter une cuillère à café de savon noir liquide dans un litre d'eau. Puis pulvérisez cette solution et essuyez les feuilles avec un coton lavable.

les nuisibles

Quand on commence à avoir ses premières plantes vertes, on risque d'être rapidement confronté à des petits parasites qui risquent d'affaiblir, voire de tuer, nos nouvelles acquisitions ! C'est pour cette raison qu'il faut observer ses plantes, pour identifier le problème et surtout pour le régler.

Au propre !

Même si cela semble évident, mieux vaut prévenir que guérir ! Le plus simple, c'est de garder le feuillage de ses plantes propre. Cela vous permet en même temps d'inspecter plus en détail les feuilles et cela favorise la photosynthèse, ce qui aidera vos plantes à grandir. Dans la poussière, il est plus facile pour les embryons et parasites de se cacher et de se développer. Il est important de nettoyer fréquemment vos plantes d'intérieur pour éviter une invasion inopportune sur l'ensemble de votre jungle d'intérieur.

01 | Les thrips

Les identifier

L'apparition de taches ocres sur le dessous ou sur le dessus du feuillage est l'un des premiers symptômes d'une attaque de thrips. En examinant d'un peu plus près, vous observerez peut-être comme des petits grains de riz jaunes autour de la tache, ce sont des thrips !

S'en débarrasser

Commencez par isoler votre plante verte. Si seulement quelques feuilles sont touchées, coupez-les à la base, puis douchez votre plante verte ! Nettoyez ensuite l'ensemble des feuilles, dessous et dessus, avec une solution de savon noir liquide dilué à 10 % dans de l'eau à température ambiante. Réalisez cette opération toutes les semaines pendant 1 mois afin de vous assurer que les thrips ne vont pas revenir. Au bout d'un mois sans nouveau signe, vous pouvez remettre votre plante verte avec les autres.

Les éviter

Les thrips attaquent le plus souvent des plantes affaiblies... Prenez donc le temps de bien vous occuper de vos plantes et surtout de bien les arroser. Trouvez le bon dosage et veillez à ce qu'il n'y ait pas d'eau stagnante !

02 | Les araignées rouges

Les identifier

Ce minuscule acarien fait jaunir les feuilles en suçant leur sève ! Si vous observez des petites taches jaunes sur vos feuilles, des petites toiles entre les tiges et les feuilles, c'est que votre plante verte subit une attaque...

S'en débarrasser

Dans un premier temps, donnez une bonne douche à votre plante verte pour retirer un maximum de parasites. Nettoyez ensuite toutes les feuilles avec un chiffon humide. Puis pendant plusieurs jours, brumisez l'ensemble des feuilles sur le dessus et sur le dessous. Une solution à base d'ail est assez efficace contre ce parasite. Broyez 3 à 4 gousses d'ail dans 1 L d'eau, laissez macérer le tout pendant 24 heures. Après avoir filtré votre solution, pulvérisez-la sur votre plante verte.

Les éviter

Les araignées rouges se développent très rapidement dans une atmosphère chaude et sèche. N'hésitez donc pas à brumiser le feuillage régulièrement et à nettoyer les feuilles. Si vous avez des plantes au soleil ou sur des rebords de fenêtres au soleil, mettez des coupelles de billes d'argile humides en dessous des pots afin d'améliorer l'humidité ambiante.

03 | Les moucherons de terreau

Les identifier

Pour les identifier, c'est malheureusement très simple et très perturbant ! Au moment de vous approcher de votre plante verte, vous observez une nuée de moucherons assez désagréables... Pire, ces petites bêtes vont envahir les meubles à côté, les plantes autour, etc.

S'en débarrasser

Deux actions sont nécessaires pour se débarrasser des moucherons de terreau. Il faut traiter la partie aérienne et la partie souterraine. La première action consiste à laisser le terreau sécher en surface et d'arroser votre plante verte par bassinage. Ajoutez ensuite au-dessus de votre terreau une couche de billes d'argile pour éviter que les moucherons viennent pondre de nouveau. Ajoutez un quart de citron dans une coupelle avec du marc de café au-dessus des billes d'argile.

Les éviter

Pour éviter l'apparition des moucherons de terreau, soyez vigilant au moment de l'arrosage : évitez de créer une humidité ambiante trop importante en surface. Le mieux est de bassiner vos plantes vertes pour qu'elles puissent être arrosées par le dessous et non par le dessus. Malheureusement, cette astuce n'est pas valable pour toutes les plantes car certaines ont besoin d'un substrat constamment humide.

04 | Les fourmis

Les identifier

Pour identifier les fourmis, c'est assez rapide… Il vous suffit de soulever le pot, de regarder en dessous pour vous apercevoir que les fourmis ont élu domicile dans votre plante verte. Même si ces insectes ne vont pas nuire au développement de votre plante d'intérieur, ils peuvent tout de même altérer son système racinaire.

S'en débarrasser

Pour moi, l'astuce la plus efficace contre les fourmis, c'est la cannelle ! Mettez une cuillerée à café de cannelle en poudre sur la surface de votre terreau et mélangez l'épice avec votre terreau de surface. Les fourmis vont quitter votre pot par le dessous ! Oui, mais pour aller où ? Placez juste à côté de votre plante un second pot avec du terreau. Les fourmis vont migrer naturellement. Au bout de quelques jours, il ne vous restera plus qu'à mettre votre pot de terreau en extérieur.

Les éviter

Les fourmis entrent dans nos intérieurs et comme je vis à la campagne, je sais de quoi je parle ! Pour les éviter, c'est très compliqué mais souvent, on se rend compte de l'invasion de fourmis quand on en découvre sur notre chemin. Pensez de temps en temps à soulever vos pots et coupelles pour vérifier l'absence de fourmis.

05 | Les cochenilles

Les identifier

Même si ce n'est pas évident de détecter la présence des cochenilles, certains signes ne trompent pas ! Vous observez des amas blanchâtres, des feuilles qui jaunissent ou qui se recouvrent d'une substance noire et qui deviennent collantes ? Aucun doute, votre plante subit une attaque de cochenilles... Si vous observez des petites taches blanches, utilisez la caméra de votre smartphone pour zoomer et vous verrez ces petites bêtes bouger...

S'en débarrasser

La première étape consiste à nettoyer votre plante verte avec une bonne douche et à utiliser un coton humide sur l'ensemble des feuilles et des tiges. Les cochenilles n'aiment pas se retrouver dans un environnement aéré et encore moins dans un espace plus frais. Si la saison le permet et que votre plante peut le supporter, mettez votre plante à l'extérieur à l'abri du soleil. Si cela n'est pas possible, utilisez un coton-tige avec de l'alcool à 70 °C pour nettoyer les parties blanches. Vous pouvez aussi réaliser une solution anti-cochenille en mélangeant 1 L d'eau à température ambiante, 1 cuillerée à café de savon noir liquide + 1 cuillerée à café d'alcool à 70 °C et 1 cuillerée à café d'huile de colza. Vaporisez votre plante avec cette préparation. Répétez l'opération 30 minutes après la première vaporisation. Placez ensuite votre plante en quarantaine et surtout à l'abri des rayons directs du soleil. Vous allez certainement devoir réitérer une nouvelle fois cette opération au bout d'une dizaine de jours mais cette répétition vous aidera à vous en débarrasser.

Les éviter

Une observation minutieuse de vos plantes est la meilleure façon de prévenir les attaques de cochenilles. Un nettoyage de l'ensemble des feuilles et un bon entretien de votre plante verte permettront de ralentir les éventuelles attaques.

La quarantaine !

Quelle que soit la situation, si vous observez une attaque de nuisibles, il est préférable d'isoler votre plante verte pour éviter la propagation du problème.. Isolez-la dans de bonnes conditions pour éviter qu'elle ne souffre d'un manque de lumière ou du froid. Ne l'abandonnez pas, mais observez-la et réitérez le traitement si besoin afin d'éviter une récidive du parasite.

les maladies

Même si on arrive à éviter les parasites sur nos plantes vertes, on peut aussi être confronté à différentes maladies et, malheureusement, on s'en rend compte à l'apparition des premières taches sur les feuilles ou sur les tiges ! Pas de panique, on peut toujours traiter rapidement afin d'éviter le pire.

01 | Rouille

L'identifier

La rouille peut apparaître quand il y a un excès d'humidité ambiante près de votre plante et une mauvaise circulation de l'air. On observe souvent cette maladie quand on brumise les feuilles et que l'eau stagne plusieurs jours. Si vous apercevez des taches poudreuses orange ou encore brunes sur les feuilles, c'est très certainement de la rouille !

S'en débarrasser

Même si on conseille aux jardiniers d'utiliser en préventif une macération de prêles ou d'orties, c'est une solution un peu difficile à utiliser dans nos intérieurs surtout à cause de l'odeur qui se dégage ! Dans un premier temps, pensez à retirer les feuilles malades assez rapidement. Vaporisez ensuite une solution de fongicide à base de soufre, puis arrêtez de brumiser votre plante pendant au moins 4-5 semaines. Évitez par la suite de brumiser votre plante verte en fin de journée et surtout placez-la dans une pièce aérée.

02 | Oïdium

L'identifier

L'oïdium est l'une des maladies les plus répandues quand on a des plantes d'intérieur. Pour identifier cette maladie, c'est assez simple, on observe une fine couche blanche poudreuse sur les feuilles et les tiges.

S'en débarrasser

Je vous conseille, après avoir isolé votre plante verte, de supprimer l'ensemble des feuilles atteintes. Brumisez ensuite une solution à base de lait. Cette solution consiste à mélanger 10 à 30 % de lait à de l'eau à température ambiante.

03 | Pourriture des racines

L'identifier

C'est une des maladies les plus difficiles à identifier, parce qu'on s'en rend compte souvent tardivement. La raison est simple : on pense au pourrissement des racines quand on voit que notre plante commence à dépérir.

S'en débarrasser

Si vous observez un pourrissement des racines au moment de sortir la motte de son pot, vous pouvez bien entendu couper les racines abîmées. Cette maladie arrive quand l'arrosage est trop important, que l'eau stagne ou que le substrat n'est pas assez drainant. Utilisez un pot avec un trou de drainage dans le fond et évitez d'avoir la main trop lourde au moment de l'arrosage.

on booste nos plantes

Quand on adopte une nouvelle plante verte, son sol est suffisamment fertile pour lui permettre de se développer. Mais au fil des saisons, la qualité du sol se dégrade, c'est pour cette raison qu'il faut réaliser un surfaçage, rempoter ou encore fertiliser votre plante du printemps à la fin de l'automne.

01 | Pourquoi fertiliser une plante verte ?

Quand vous adoptez votre nouvelle plante d'intérieur, son substrat est suffisamment riche en nutriments pour lui permettre de se développer correctement. Mais au bout de quelques mois, son substrat risque de s'appauvrir. De plus, il ne faut pas vouloir systématiquement rempoter une plante pour lui offrir les nutriments nécessaires car c'est une opération qui stresse la plante. La solution consiste donc à lui apporter des nutriments au travers d'un fertilisant.

02 | Comment faire ?

Il existe dans le commerce plusieurs solutions à notre disposition : sous forme liquide, en granules, en bâtons... Certains produits vont nourrir la plante sur le long terme avec une diffusion lente alors que d'autres sont à effet immédiat, donc l'opération sera à répéter. Choisissez une solution qui convient à votre plante en fonction de ses besoins et pensez à bien respecter les doses au risque de tuer votre petite protégée !

03 | Quand réaliser cette opération ?

Il faut fertiliser une plante d'intérieur durant sa période de croissance. Le top départ ? Dès qu'elle vous montre un signe de développement, une nouvelle pousse, par exemple. Cette période se situe souvent après l'hiver, du début du printemps jusqu'à la fin de l'automne. Évitez de fertiliser une plante pendant sa période de repos végétatif, pendant l'hiver, car elle n'absorbe pas les nutriments qui resteront alors dans le substrat, ce qui risque d'endommager le système racinaire. De même, si votre plante verte vous montre des faiblesses liées à un excès d'arrosage, à une attaque de thrips... évitez de la fertiliser !

04 | Du naturel !

Pour ma part, j'aime utiliser la peau de banane comme engrais naturel pour booster mes plantes vertes. J'utilise cette décoction sur mes plantes tropicales uniquement. Pour cela, je découpe une peau de banane en morceaux de 1 à 2 cm. J'ajoute l'ensemble dans une bouteille avec 1 L d'eau de pluie. Je laisse ensuite macérer le tout pendant 24 à 48 heures. Une fois cette solution prête, je filtre dans une nouvelle bouteille, puis j'arrose mes plantes vertes avec cette solution. Au jardin, j'utilise la peau de banane aux pieds de mes hortensias, de mes rosiers ou je la jette directement au compost.

on rempote

Rempoter ? Mais pour quoi faire ? Avec le temps, le terreau de votre plante verte s'appauvrit et le pot devient certainement trop petit. Pire, votre plante dépérit, les racines sortent par le dessous du pot... C'est qu'il est grand temps de rempoter votre plante verte.

01 | Quand rempoter sa plante verte ?

Le début du printemps est la période idéale pour rempoter une plante verte car la végétation redémarre. On rempote la plupart du temps une plante verte tous les 2-3 ans environ, mais cette opération peut être moins espacée selon les variétés. Une plante ne doit pas être rempotée trop souvent, sinon elle risque de consacrer son énergie à développer ses racines au détriment de son feuillage ou de ses jolies fleurs.

En règle générale, on rempote une plante verte si les racines commencent à sortir par le dessous du pot ou si les rhizomes ont fait exploser le pot. Si votre plante manque de maintien et penche beaucoup trop ou si elle n'a pas grandi la saison précédente, c'est qu'il est sûrement temps de la rempoter ! Et si vous avez votre plante depuis plusieurs années mais que vous n'avez jamais osé la rempoter ou réaliser un surfaçage, c'est le moment de le faire.

02 | Pourquoi rempoter sa plante verte ?

On rempote une plante verte pour remplacer le substrat soit à cause d'un problème comme un arrosage excessif qui provoque le pourrissement des racines ou si un parasite s'est installé dans votre terreau. On peut aussi rempoter une plante verte pour remplacer son substrat par un nouveau riche en nutriments. Ceci afin de permettre à votre plante verte de pouvoir s'épanouir à nouveau et de développer sa croissance, son feuillage...

03 | Votre plante verte est trop grande ?

Il est souvent assez compliqué de rempoter une ancienne plante verte qui possède un pot déjà très grand. Et pourtant, elle a tout autant besoin de nutriments qu'une plante plus petite. C'est pour cette raison qu'il est conseillé de réaliser un surfaçage. Vous pouvez vous en occuper plusieurs fois dans l'année. Dans l'idéal, réalisez le surfaçage au début du printemps, comme pour le rempotage, ou à la fin de l'été. Pour réaliser un surfaçage, retirez le terreau sur les 3 à 5 premiers centimètres, puis remplacez-le par un terreau adapté. Tassez le tout et arrosez. Une fois que l'eau s'est écoulée par le dessous du pot, vous pouvez replacer votre plante verte à son endroit préféré.

Le matériel nécessaire

- Un nouveau pot
- Un sécateur
- Du terreau adapté
- Un arrosoir

Comment rempoter sa plante verte ?

1. La veille, arrosez votre plante verte.
2. Sortez la motte du pot.
3. Retirez l'ancien terreau présent entre les racines, si possible un bon tiers. Profitez-en pour couper les racines abîmées.
4. Récupérez un pot légèrement plus grand que l'ancien. Tapissez le fond du pot de votre nouveau terreau.
5. Placez votre plante au centre du pot.
6. Complétez votre pot par du nouveau terreau.
7. Tassez bien pour que les racines soient au contact du terreau
8. Arrosez !

les substrats

Chaque plante a des besoins spécifiques quand vient le moment de la rempoter ou de réaliser un surfaçage. Le choix du bon terreau permettra à votre plante d'avoir les nutriments nécessaires à sa croissance.

01 | Pourquoi utiliser un terreau adapté ?

Le terreau permet de stabiliser votre plante d'intérieur et de favoriser son enracinement et son développement. Il sert aussi à absorber de l'eau au moment de l'arrosage pour capter les minéraux afin de les rendre assimilables au système racinaire. Mais comme vous le savez, chaque plante a des besoins nutritifs spécifiques. Il sera donc important d'utiliser un substrat adapté.

02 | Les principaux éléments

Parmi les principaux éléments pour réaliser un substrat, il existe la perlite, ou encore l'écorce, qui permet d'aérer le terreau. La tourbe, ou la terre de coco, sert à retenir l'eau plus facilement. Le sable permet, quant à lui, d'améliorer le drainage du substrat. Et il existe aussi la sphaigne qu'on utilise assez souvent pour bouturer les plantes d'intérieur.

03 | Substrat pour plantes tropicales

Les plantes tropicales ont besoin d'un terreau allégé pour permettre à leurs systèmes racinaires de se développer facilement, mais aussi de mieux respirer car ce terreau est moins compact.

Pour réaliser votre propre substrat, vous pouvez utiliser 60 % d'ancien terreau ou de terreau universel, 20 % de sable et 20 % de compost afin d'avoir un substrat suffisamment aéré et riche en nutriments.

04 | Substrat spécial cactées et succulentes

Les succulentes et les cactées ont besoin d'un substrat léger pour faciliter le développement des racines, et bien drainant pour permettre à l'eau de s'écouler facilement. Ainsi, l'eau ne stagne pas et on évite le pourrissement des racines. Même s'il existe des terreaux prêts à l'emploi en jardinerie, vous pouvez le réaliser facilement vous-même pour faire quelques économies. Voici une recette simple et efficace : dans un pot, versez ⅔ de terreau universel et mélangez-le avec ⅓ de sable.

05 | Substrat pour les boutures

Même si vous pouvez utiliser de la sphaigne pour gagner du temps, cette solution est généralement assez onéreuse. Au même titre, vous pouvez utiliser un terreau « semis et repiquage », mais il est souvent cher, juste parce qu'il est très fin.

les multiplier

Quand on commence à adopter des plantes vertes, il nous vient rapidement à l'idée de les multiplier pour les offrir ou encore de multiplier les plantes de notre entourage pour avoir des plantes vertes gratuitement ! Mais comment faire ?

01 | Bouturage

L'une des techniques les plus simples pour multiplier une plante verte est la bouture ! On peut réaliser une bouture dans du terreau adapté ou dans de l'eau ! Pourquoi ? Pour ne pas oublier de les arroser mais aussi pour s'assurer par transparence du bon développement des racines.

Pour commencer, prélevez une tige en coupant 1 cm environ en dessous d'un nœud. Le nœud est la partie présente sur la tige où une nouvelle feuille, une nouvelle tige ou une racine souhaite se développer. Afin de favoriser le développement des racines, prélevez une tige avec 2 ou 3 feuilles.

Placez ensuite votre bouture dans un récipient avec de l'eau. Vérifiez que le nœud soit totalement immergé et qu'aucune feuille ne soit au contact de l'eau pour éviter tout risque de pourrissement.

Bien entendu, vous pouvez passer cette étape et placer votre bouture directement dans un substrat léger comme de la sphaigne.

Placez votre bouture dans une pièce lumineuse mais pas au contact direct du soleil. Pour la bouture en terre, gardez le substrat humide au toucher. Pour la bouture dans l'eau, pensez à garder le niveau de l'eau pour éviter que les racines se retrouvent à l'air libre. Quoi qu'il arrive, changez l'eau toutes les semaines.

Vous pouvez utiliser cette technique pour les plantes suivantes : pothos, monstéra, tradescantia.

02 | Rejets

Cette technique de multiplication est très simple et garantit de grandes chances de réussite si on prend le temps de prélever délicatement le rejet ou le drageon qui sort de terre. Comme pour la bouture, on peut placer ce rejet au contact de l'eau pour favoriser le développement des racines par transparence ou le mettre directement en pot avec un substrat adéquat.

Pour commencer, repérez le rejet. Détachez-le à l'aide d'un cutter en prenant soin de garder les départs de racines.

Comme pour la bouture, placez votre rejet dans un récipient avec de l'eau ou directement dans un pot avec du substrat. Pour le rejet dans l'eau, veillez à ce qu'aucune feuille ne soit au contact de l'eau.

Placez ensuite votre nouvelle pousse dans une pièce lumineuse sans contact direct avec le soleil. Pour la bouture en terre, gardez le substrat humide au toucher. Pour la bouture dans l'eau, pensez à garder le niveau de l'eau pour éviter que les racines soient à l'air libre. Quelle que soit la méthode, pensez à changer l'eau toutes les semaines.

Vous pouvez utiliser cette technique pour les plantes suivantes : piléa, Sansevieria, Aloe vera.

03 | Division

Cette technique fait penser à la multiplication de la menthe par division pour les passionnés de potager ! C'est exactement le même principe. La division consiste à séparer les racines, les rhizomes ou les bulbes de la plante mère pour les mettre dans un nouveau pot. Cette technique est idéale, mais prenez le temps de le faire pour ne pas tuer votre plante mère !

La première étape consiste à sortir la motte du pot et à séparer délicatement les racines, rhizomes ou bulbes. Chaque division doit contenir des tiges avec des feuilles pour favoriser le développement grâce à la photosynthèse. Si certaines racines cassent, ce n'est pas très grave, mais procédez doucement.

Utilisez un pot différent pour chaque division. Remplissez le pot de terreau puis tassez le terreau autour des racines pour qu'elles soient bien en contact. Ne prenez pas un pot trop grand !

Placez ensuite vos nouvelles plantes dans une pièce lumineuse mais pas au contact direct du soleil. Gardez le substrat humide (mais pas détrempé) au toucher. Évitez aussi que l'eau stagne au fond du pot. Dès que la plante a pris racine, vous pouvez modifier l'arrosage en fonction des besoins de votre nouvelle plante.

Vous pouvez utiliser cette technique pour les plantes suivantes : Sansevieria, maranta, Zamioculcas zamiifolia.

Je pars en vacances et j'ai des boutures dans l'eau !

Pendant vos vacances, vous ne pourrez pas changer l'eau de vos différentes boutures. Privilégiez un récipient opaque pour ralentir le développement d'algues et ajoutez-y un morceau de charbon de bois au fond afin d'éviter le pourrissement.

Comment savoir si ma division prend racine ?

Après 3-4 semaines, tirez doucement sur la plante, si vous sentez une résistance, c'est que les racines se sont développées !

planter bulbes et tubercules

Pour certaines plantes, il est plus facile d'acheter des bulbes ou des tubercules et de les planter soi-même, mais on se pose souvent mille et une questions avant de franchir le pas. Quand les planter, dans quel substrat le faire, etc.

Avant de commencer

Avant de débuter la plantation des bulbes ou des tubercules, il faut savoir qu'il existe plusieurs techniques pour arriver à ses fins ! Chaque *plant addict* possède sa propre technique. Je partage ici ma méthode pour réussir votre première plantation, mais vous pourrez la transformer au fil des années afin qu'elle vous corresponde !

01 | Le bon moment

La plantation des tubercules se fait en fin d'hiver, au début du printemps, c'est-à-dire en mars-avril. Les tubercules ont besoin de chaleur et de luminosité pour pousser. Adaptez donc la période de plantation en fonction de vos conditions intérieures. Si vous n'avez pas suffisamment de lumière chez vous, patientez ou optez pour une lampe horticole. Si vous n'avez pas suffisamment de chaleur, encore une fois, patientez... ou utilisez une mini-serre afin de gagner quelques degrés.

02 | On vérifie le tubercule

Une fois que vous avez pris la décision de planter votre tubercule, il est très important de vérifier que le tubercule est en bonne santé pour éviter tout risque de pourrissement. On dépoussière le tubercule et on coupe les anciennes racines à l'aide d'une paire de ciseaux de jardinage. Si vous observez une partie molle sur votre tubercule, n'hésitez pas à la couper puis laissez votre tubercule sécher pendant au moins 48 heures. Une fois que ce dernier a cicatrisé, vous pouvez le baigner dans une eau à température ambiante pendant 4 à 5 heures afin de le réhydrater et accélérer sa germination, mais ce n'est pas obligatoire !

03 | On choisit un pot

Que le pot soit en plastique ou en terre cuite, vérifiez qu'il possède un trou de drainage dans le fond afin d'évacuer l'excédent d'eau lors des arrosages. Optez pour un pot pas trop profond et avec une largeur adaptée à la taille de votre tubercule.

04 | On utilise un substrat

C'est surtout à cette étape que diffèrent les techniques de germination du tubercule. On peut utiliser de la sphaigne, de la fibre de coco ou encore du terreau. Personnellement, j'utilise du terreau universel et j'ajoute un peu de sable afin d'alléger le substrat. Mais vous pouvez utiliser uniquement du terreau universel.

05 | On plante notre tubercule

Une fois que vous avez trouvé votre pot et préparé votre substrat, vous pouvez enfin mettre votre tubercule en terre ! Pour cela, remplissez votre pot avec votre substrat, puis placez votre tubercule sur le dessus, sans vous tromper de sens. Recouvrez ensuite le tubercule, puis arrosez.

06 | On ne se trompe pas de sens

Eh oui, les tubercules ont un sens mais parfois, il n'est pas évident de le retrouver. La partie basse est la partie la plus lisse et plate alors que la partie haute présente des yeux : ce sont de légères bosses qui font apparaître les pousses. Dans le doute, placez vos tubercules à l'horizontale !

07 | On entretient pendant la germination

Au début, il sera essentiel de garder le substrat toujours humide mais sans excès ni eau stagnante au risque de faire pourrir vos tubercules. Placez ensuite le tout dans une pièce aérée, chauffée et lumineuse. Si vous voulez accélérer le processus, vous pouvez utiliser une mini-serre afin de gagner quelques degrés mais aussi pour augmenter l'humidité ambiante.

partir en vacances

Voilà une douce période, mais peut-être le pire moment de l'année quand on est un *plant addict* ! On redoute toujours de quitter nos plantes et de les retrouver en piteux état à notre retour... Soit on connaît un bon plant-sitter, soit on utilise quelques astuces pour éviter le pire !

01 | Avant le départ

Nettoyez vos plantes
Je vous conseille de dépoussiérer les feuilles de vos plantes avec si possible de l'eau de pluie pour éviter les traces de calcaire sur le feuillage. On nettoie bien entendu le dessus mais aussi le dessous des feuilles, et on en profite pour retirer les feuilles fanées ou abîmées.

Observez-les !
Vérifiez qu'il n'y ait pas de parasites présents, sinon vous risquez d'infecter la totalité de vos plantes avec la prochaine étape ! Dans le doute, isolez votre plante verte et vaporisez une solution eau-savon noir en préventif. Et si vous êtes certain de la présence d'un parasite, isolez votre plante après l'avoir traitée.

Regroupez-les
Quand on part en vacances, on a tendance à fermer l'ensemble des volets pour des raisons de sécurité. Vos plantes ne peuvent pas rester dans l'obscurité jusqu'à votre retour ! Regroupez-les dans une pièce où vous laisserez un volet ouvert. Souvent, il s'agit d'une pièce à l'étage. Attention tout de même à ne pas les exposer à la lumière directe pour éviter les brûlures.

Arrosez-les
C'est une évidence mais attention à ne pas les inonder ! On arrose nos plantes vertes si elles en ont besoin et surtout comme à notre habitude. On évite de les baigner plus longtemps en se disant qu'elles n'auront pas d'arrosage pendant plusieurs semaines. Il est plus facile de sauver une plante verte au retour par manque d'arrosage, qu'une plante verte qui a vu ses racines pourrir à cause d'un excès d'eau.

02 | Pendant les vacances

La ficelle

Regroupez vos plantes vertes autour d'un récipient d'eau placé en hauteur. Utilisez ensuite un fil de laine. Enfoncez-le dans la motte de terre de votre plante verte et placez l'autre bout dans le récipient. L'eau se diffusera par capillarité quand la plante en aura besoin.

Les oyas

C'est une solution que j'utilise toute l'année pour les plus grosses plantes mais dont on peut avoir besoin aussi pendant nos vacances ! L'oya à planter diffuse lentement l'eau au niveau des racines. N'oubliez pas de mettre le petit bouchon pour éviter l'évaporation.

Le plant-sitting

On craint toujours de demander à nos proches de venir arroser nos plantes vertes car ils ont souvent la main lourde ! Regroupez les plantes par fréquence d'arrosage pour faciliter le travail de votre plant-sitter et éviter les oublis.

03 | Au retour des vacances

L'arrosage

À votre retour, il se peut que certaines de vos plantes ne soient pas au top de leur forme par manque d'arrosage ! Baignez-les pendant 45 minutes dans une bassine d'eau à température ambiante, et brumisez les feuilles. Vos plantes vont reprendre des forces rapidement !

Pour les succulentes et les cactées

On ne touche pas ! Ne faites rien aux plantes non tropicales, elles supporteront votre absence sauf si vous partez plusieurs mois.

Et quand je pars 3-4 jours ?

Ne faites rien ! Si vous partez pour un week-end prolongé, occupez-vous de vos plantes comme à votre habitude. Si vous fermez les fenêtres, regroupez-les tout de même dans une pièce avec un peu de lumière. Pour les plantes fragiles comme l'oxalis, vous pouvez placer le pot sur une coupelle contenant des billes d'argile humides.

Les fiches plantes

Comment entretenir cette plante ? Comment la bouturer ? Comment la multiplier ? Maintenant que nous connaissons les bases pour entretenir une plante verte, nous allons nous pencher plus précisément sur 20 plantes. Nous verrons ensemble où les placer, comment les arroser, mais aussi comment les entretenir. Nous parlerons de rempotage pour chacune d'entre elles, mais également de multiplication afin d'élargir sa collection sans se ruiner. J'en profiterai pour partager avec vous mes quelques astuces autour de chaque plante, mais aussi pour vous aider à comprendre les taches présentes sur le feuillage.

pothos

Son origine
Polynésie française et Asie du Sud-Est

Famille
Aracées

Variétés
Doré, Jessenia, Manjula, N'Joy, néon

Dimensions
Les tiges peuvent atteindre plus de 3 m de long.

Température
Au minimum 10 °C

Pièce idéale
Salon

Pet friendly
Toxique

Floraison
Aucune

Le pothos, appelé aussi « lierre du diable », est l'une de mes plantes d'intérieur préférées ! Elle est très simple d'entretien, elle se bouture facilement et il existe de nombreuses variétés qui font que ses feuilles sont toutes différentes d'une maison à l'autre.

01 | Le choisir avant l'achat

Optez pour la variété qui vous plaît le plus ! Une fois ce choix fait, regardez le nombre de départs au niveau du pot : privilégiez un pothos avec le plus de départs possible afin d'avoir une plante bien fournie. Et pour finir, vérifiez que les feuilles soient en bon état.

02 | Exposition ou lumière

Cette plante grimpante se plaît dans une pièce lumineuse où elle se développe en faisant de nouvelles feuilles panachées. Elle peut aussi se développer à la mi-ombre, mais son feuillage risque de tendre vers un vert uniforme. Évitez tout de même de la placer au contact direct du soleil, sans quoi son feuillage brûlera ! En hiver, comme pour toutes les plantes, on l'éloigne des sources de chaleur car c'est une plante tropicale qui adore l'humidité ambiante.

03 | Arrosage

Laissez le terreau sécher en surface sur 2 cm entre chaque arrosage ! Si vous oubliez de l'arroser, elle vous le montrera avec ses feuilles qui se recroquevilleront. Les feuilles s'enroulent sur elles-mêmes pour limiter la surface d'évaporation de l'eau. C'est l'une des raisons pour lesquelles cette plante est simple à entretenir car, quand elle a soif, elle vous le montre !

04 | Entretien

Il y a plusieurs choses à faire avec votre pothos. La première consiste à nettoyer ses feuilles ! Oui, c'est du travail car il a énormément de feuilles mais, pour favoriser son développement grâce à la photosynthèse, il faut réitérer cette opération tous les mois. Ensuite, n'hésitez pas à pincer, couper votre pothos au début du printemps pour qu'il s'étoffe. Coupez les tiges juste en dessous d'un nœud. Profitez-en pour retirer les feuilles jaunes et abîmées.

05 | Croissance

Dans un environnement confortable, votre pothos aura une croissance très rapide, les tiges peuvent facilement atteindre plus de 3 m de long.

06 | Rempotage

Un pothos se rempote au début du printemps si les racines commencent à sortir par le dessous du pot ou si vous voulez accélérer sa croissance. Utilisez un pot légèrement plus grand que l'ancien, griffez les racines pour retirer un maximum de substrat, puis remplacez le substrat dans le nouveau pot.

07 | Multiplier

Cette plante se bouture très facilement car les nœuds sont visibles tout au long de la tige. Pour la bouturer, coupez entre deux nœuds avec une paire de ciseaux désinfectés et gardez une feuille au bout. Placez ensuite votre bouture dans de l'eau en laissant la feuille à l'extérieur. Les racines devraient apparaître en quelques jours.

À L'AIDE ! PLANT MAN

Des taches brunes sur le feuillage !

Si vous observez des taches brunes sur le feuillage de votre magnifique plante verte, c'est soit un coup de soleil car votre plante est trop proche d'une fenêtre, soit un air trop sec dans votre intérieur.

Les feuilles jaunissent…

Si seulement quelques feuilles jaunissent, il ne faut pas s'inquiéter, c'est tout à fait normal ! Cependant, si l'ensemble des feuilles commence à jaunir, c'est sûrement en lien avec un arrosage excessif. Laissez le terreau sécher complètement avant le prochain arrosage.

Toutes les feuilles commencent à tomber

Si les feuilles flétrissent et tombent, c'est encore une fois en lien avec l'arrosage ! Vous avez sûrement oublié d'arroser votre pothos pendant trop longtemps. Baignez la plante dans une eau à température ambiante pendant 15-20 minutes puis surveillez-la !

Les variétés à variégations (des taches de couleur contrastée dans une feuille) brunissent !

Les variétés de pothos comme la N'Joy sont plus difficiles à garder en vie, les feuilles ont tendance à brunir. C'est un problème d'humidité et de terreau. Si vous avez l'habitude de travailler avec de la sphaigne, je vous conseille de rempoter votre plante verte dans ce substrat ou de la bouturer en utilisant ce substrat.

les bons plans de Pierre

La bouture de pothos comme hormone de bouturage ?

Le pothos possède et libère une grande quantité d'auxine, une hormone qui régule et stimule la croissance. Si vous bouturez une autre plante dans le même récipient qu'une bouture de pothos, cela sera bénéfique pour vos deux boutures !

Faut-il tuteurer son pothos ?

À vous de voir ! Si vous avez envie de développer sa croissance à la verticale, vous pouvez tuteurer votre pothos avec un totem en mousse et y attacher les tiges. Sinon vous pouvez tout simplement le suspendre en hauteur et le laisser retomber afin de lui donner une forme de liane.

ficus

Son origine
Asie du Sud-Est

Température
Entre 16 et 25 °C

Famille
Moracées

Pièce idéale
Chambre

Variété
Elastica robusta, Tineke, Ruby

Pet friendly
Toxique

Floraison
Quasiment inexistante quand il est cultivé en pot.

Dimensions
Environ 3 m de hauteur

Le ficus est l'une des plantes les plus populaires chez nos grands-mères. Il est robuste et trouve facilement sa place dans nos intérieurs. La seule petite difficulté avec cette plante, c'est d'avoir du temps pour nettoyer l'ensemble de son feuillage !

01 | Le choisir avant l'achat

Regardez l'état général des feuilles ainsi que le nombre de départs. Privilégiez un ficus caoutchouc avec un nombre de départs important afin d'avoir une plante étoffée et équilibrée. Les parasites aiment se cacher à la jonction entre la tige et la feuille, pensez à bien regarder cet endroit pour vous assurer de l'absence de parasites.

02 | Exposition ou lumière

Le ficus s'épanouit et pousse plus rapidement dans une pièce lumineuse, mais il peut s'accommoder d'une lumière plus faible. Quoi qu'il arrive, évitez de le laisser au contact direct du soleil, sinon son feuillage risque de brûler !

03 | Arrosage

Arrosez de façon abondante lorsque le terreau est sec sur les 2/3 de la terre (voir Les Bons Plans de Pierre ci-contre). Généralement, on arrose le ficus toutes les semaines, voire tous les 10 jours. En hiver, l'arrosage sera moins important ! Et comme pour beaucoup de plantes vertes, faites attention à ne jamais laisser d'eau stagner au fond du pot ou dans la coupelle !

04 | Entretien

Le plus long avec un ficus, c'est le nettoyage des feuilles ! Utilisez un chiffon humide pour nettoyer l'ensemble des feuilles et vérifiez en même temps l'absence de parasites. Si vous observez que votre plante penche d'un côté, c'est parce qu'elle se développe vers la lumière, pensez à tourner votre pot de temps en temps pour éviter qu'elle ne tombe.

05 | Croissance

Même si le ficus a une croissance assez rapide, vous pouvez lui donner un petit coup de pouce en réalisant un surfaçage 2 à 3 fois dans l'année. Pour cela, retirez jusqu'à 5 cm de substrat en surface et remplacez-le par un nouveau terreau pour plante verte. Une fois l'opération terminée, pensez à bien arroser votre plante verte.

06 | Rempotage

On réalise cette opération tous les 2-3 ans. Si les racines commencent à sortir du pot que ce soit par le dessous ou par le dessus, c'est qu'il est temps de rempoter votre ficus !

Sortez la motte du pot, griffez-la pour retirer l'ancien terreau en faisant attention de ne pas abîmer les racines. Utilisez un pot légèrement plus grand que l'ancien que vous remplissez d'un terreau pour plantes vertes. Placez votre plante au milieu et stabilisez-la en tassant le substrat. Arrosez-la et replacez-la à l'endroit où elle se trouvait.

07 | Multiplier

À l'aide d'un sécateur, coupez une branche de 10 cm environ possédant 2 feuilles juste en dessous d'un nœud. Placez ensuite cette branche dans de l'eau à température ambiante, si possible dans un pot opaque. Pensez à changer l'eau tous les 3-4 jours. L'apparition des racines peut être assez longue, placez donc votre bouture dans une pièce lumineuse et patientez !

À L'AIDE ! PLANT MAN

Mon ficus perd toutes ses feuilles !

Plusieurs raisons peuvent justifier une perte importante de feuilles. Il est possible que votre plante se trouve dans un courant d'air ou près d'une source de chaleur : il vous suffit de la changer de place. Vous l'avez peut-être arrosée avec une eau trop froide : privilégiez de l'eau à température ambiante. Ou alors… elle manque tout simplement de lumière !

Les feuilles de mon ficus sont tombantes…

C'est lié à l'arrosage ! Vous n'avez pas assez arrosé votre plante verte… ou au contraire, vous lui avez donné trop d'eau ! Vérifiez la motte avant d'agir. Si la motte de terre est détrempée, patientez avant de l'arroser à nouveau. Si la motte est totalement sèche et que vous l'avez oubliée, donnez-lui une petite douche, les feuilles vont ainsi se redresser. Vous pouvez aussi brumiser son feuillage régulièrement afin d'améliorer l'humidité ambiante.

Pourquoi les feuilles jaunissent ?

Si les feuilles jaunissent, c'est lié à un excès d'eau ! Retirez la motte de votre pot et laissez-la sécher naturellement, cela peut prendre plusieurs semaines. Si au moment de sortir la motte du pot, vous observez un pourrissement des racines, coupez les racines et rempotez votre plante verte dans un nouveau substrat.

Étoffer son ficus !

Afin d'éviter que votre ficus pousse tout en longueur avec une tige unique, n'hésitez pas à le pincer afin de le forcer à favoriser les ramifications. Munissez-vous d'un sécateur désinfecté puis coupez 1 à 2 cm au-dessus d'un nœud. Si vous ne voulez pas couper votre ficus caoutchouc, mais que vous voulez tout de même le ramifier pour avoir une plante plus touffue, vous pouvez tout simplement réaliser une entaille, une incision sans couper, juste au-dessus d'un nœud.

Quel surnom !

Le *Ficus elastica* a aussi pour nom ficus caoutchouc, car quand on coupe les tiges ou les feuilles, cette plante verte sécrète une sève laiteuse… Attention, cette sève est très toxique !

Je l'arrose… ou pas ?

Prenez une baguette chinoise et enfoncez-la dans la terre. Si elle est complètement sèche à la sortie, il est temps d'arroser. Si elle est légèrement humide sur le ⅓ du bas mais que les ⅔ sont secs, il est aussi temps d'arroser !

monstéra

Son origine
Panama et sud du Mexique

Famille
Aracées

Variétés
Deliciosa, *standleyana*, *minima*, *variegata*, Monkey Mask

Dimensions
Très grande plante

Température
Entre 18 et 25 °C

Pièce idéale
Salon

Pet friendly
Toxique

Floraison
La floraison et la fructification du *monstéra deliciosa* sont très rares en culture intérieure.

L'incontournable des passionnés de plantes vertes ! Le monstéra est très reconnaissable avec ses feuilles imposantes qui laissent apparaître des trous afin que la lumière se faufile pour atteindre les feuilles du dessous.

01 | Le choisir avant l'achat

Même si, en jardinerie, vous trouverez des monstéras de différentes tailles, je vous conseille de privilégier l'achat d'un monstéra avec le plus de départs possible pour avoir une plante bien touffue ! Comme pour les tiges, prenez un monstéra avec un maximum de feuilles et ne vous attardez pas trop sur les trous présents ou non : ils apparaîtront bien assez tôt.

02 | Exposition ou lumière

Même si votre monstéra peut s'adapter à une place légèrement ombragée, il préfèrera la lumière, mais pas directe au risque de voir son feuillage brûler.

03 | Arrosage

Laissez le terreau sécher entre chaque arrosage, une fois par semaine en été et une fois tous les 10 jours en hiver. Vérifiez que l'eau ne stagne pas dans le fond du pot entre chaque arrosage.

04 | Entretien

Nettoyez régulièrement les feuilles de votre monstéra avec un chiffon humide afin de retirer la poussière pour favoriser la photosynthèse. Le monstéra a tendance à pousser en direction de la lumière et donc à pencher. Pour éviter ce problème, vous pouvez faire pivoter le pot tous les mois d'un quart de tour. Au début du printemps, vous pouvez couper à la base toutes les tiges qui vous dérangent.

05 | Croissance

Dans de bonnes conditions, le monstéra est une plante à croissance rapide surtout dans son milieu naturel, mais il peut aussi rapidement prendre une place importante dans votre intérieur. Ses pics de croissance ont lieu au printemps et en été. N'hésitez pas à l'aider en ajoutant un engrais naturel 2 à 3 fois pendant cette période.

06 | Rempotage

Tous les 2-3 ans, votre monstéra vous fera sentir qu'il a besoin d'être rempoté : les plus grosses tiges et les racines commenceront à sortir de plus en plus du pot. Réutilisez un pot identique en changeant simplement les nutriments si vous voulez le contrôler ou optez pour un pot légèrement plus grand si vous voulez qu'il grandisse !

07 | Multiplier

Cette plante se bouture très facilement car les racines aériennes sont visibles à l'œil nu. Pour la bouturer, coupez 3 cm en dessous d'une racine aérienne avec une paire de ciseaux désinfectés, puis placez votre tige dans l'eau sans que les feuilles ne soient au contact de l'eau. Disposez ensuite votre bouture dans une pièce lumineuse et changez l'eau tous les 3-4 jours. Au bout de quelques semaines, les racines vont apparaître. Vous pouvez mettre en terre votre bouture. Gardez le terreau de votre bouture toujours humide !

À L'AIDE ! PLANT MAN

J'ai des feuilles jaunes !

Quoi qu'il arrive, vous pouvez couper les feuilles à la base. Ensuite, vérifiez votre substrat et laissez-le sécher totalement avant le prochain arrosage. Les feuilles ont tendance à jaunir ou à brunir à cause d'un excès d'eau.

J'ai des nouvelles feuilles, mais aucun trou !

Si votre plante ne possède pas encore 7 à 8 feuilles, il faut simplement lui laisser le temps qu'elle développe de nouvelles feuilles. Les trous ou fissures vont apparaître ensuite. C'est aussi peut-être en lien avec un manque de lumière, donc essayez de déplacer votre plante verte.

Toutes mes feuilles se recroquevillent...

Votre monstéra n'est pas assez arrosé ! Baignez-le si son envergure vous le permet pendant 15-20 minutes dans de l'eau à température ambiante pour qu'il puisse absorber l'eau dont il a besoin ou douchez-le ! Quoi qu'il arrive, n'oubliez pas de le laisser s'égoutter avant de le remettre dans son cache-pot.

Dois-je couper les racines aériennes ?

Surtout pas, c'est tout à fait naturel pour le monstéra de voir ses racines sortir du pot. Les racines aériennes lui permettent de capter l'humidité ambiante pour se développer.

les bons plans de Pierre

Tuteurez votre monstéra !

Afin d'aider votre monstéra à pousser, vous pouvez lui installer un tuteur assez solide en fibre de coco ou en mousse. Votre magnifique plante verte se développera alors en s'accrochant et laissera apparaître petit à petit des racines aériennes.

Connaissez-vous le fruit du monstéra ?

Même si le monstéra deliciosa peut fructifier, n'espérez pas trop voir ce fruit dans votre intérieur ! Ce fruit, qui mesure environ 25 cm de long, possède des écailles qui jaunissent une fois que le fruit arrive à maturité. Le goût fait penser à celui de la banane et de l'ananas. Attention toutefois, le fruit est comestible seulement s'il est bien mûr. Gare à l'intoxication ! Mais peu de risques de pouvoir en déguster dans nos contrées !

zamioculcas zamiifolia

Son origine
Zanzibar et Tanzanie

Famille
Aracées

Variétés
Normal, Raven, Super Nova

Dimensions
Entre 20 cm et 1 m de hauteur

Température
Supérieure à 15 °C

Pièce idéale
Derrière une fenêtre orientée ouest

Pet friendly
Toxique

Floraison
Les fleurs qui ressemblent à l'arum poussent depuis la base de la plante.

Une jolie plante qu'on a le droit d'oublier car ses tiges, qui font réserve d'eau, lui permettent de résister à un oubli d'arrosage, voire à une sécheresse ! C'est pour cette raison qu'on la surnomme la « plante de l'Éternité », mais je préfère l'appeler la plante ZZ.

01 | Le choisir avant l'achat

Je vous conseille de prendre une plante avec beaucoup de départs, signe de bonne santé, et avec un système racinaire bien développé. Cela signifie que la plante a bénéficié de tous les nutriments nécessaires. Vous pouvez aussi regarder sous le pot si des racines sont prêtes à sortir, tâter le pot pour sentir si des racines sont proches ou même enlever la motte pour vérifier l'état des racines (et la remettre après !). Privilégiez un *zamioculcas* avec des tiges contenant des feuilles foncées, les feuilles vert clair sont de nouvelles feuilles.

02 | Exposition ou lumière

Vous pouvez placer votre plante ZZ un peu partout dans votre intérieur, car elle se plaît aussi bien dans une pièce ensoleillée que dans une pièce moins lumineuse. Évitez tout de même la lumière directe et évitez aussi de la mettre dans le noir !

03 | Arrosage

Le pire ennemi de cette plante verte, c'est l'excès d'arrosage ! Elle stocke de l'eau dans ses rhizomes, dans ses tiges et même dans son feuillage. Si vous l'arrosez trop, ses rhizomes risquent de pourrir, surtout si l'eau stagne. Une fois le terreau complètement sec en surface, arrosez modérément votre plante verte, généralement tous les 15 jours en période estivale et une fois par mois en hiver.

04 | Entretien

Même si cela semble fastidieux, il est important de nettoyer l'ensemble des feuilles afin de favoriser la photosynthèse et ainsi le développement de votre plante verte. Pensez à faire pivoter d'un quart de tour votre plante verte toutes les 5-6 semaines. Si vous observez que les tiges s'affaissent sur les côtés, vous pouvez réaliser un surfaçage pour apporter des nutriments, mais aussi pour lui redonner du maintien.

05 | Croissance

Même si, dans son milieu naturel, le *zamioculcas* zamiifolia peut grandir assez rapidement, c'est tout à fait différent dans nos intérieurs, surtout si vous la placez dans une pièce avec une faible luminosité. N'hésitez pas à enrichir le substrat de votre plante verte avec de l'engrais à raison d'une à deux fois par mois au printemps et en été.

06 | Rempotage

Cette plante adore être à l'étroit, prenez donc le temps avant de la rempoter ! On réalise souvent le rempotage quand les bulbes commencent à casser le pot en plastique... Utilisez un pot légèrement plus grand avec un substrat bien drainant pour éviter le pourrissement des rhizomes.

07 | Multiplier

Plusieurs solutions s'offrent à vous pour multiplier votre plante ZZ. La première consiste à séparer tout doucement des rhizomes et à les rempoter dans des pots séparés. Utilisez un pot assez étroit car les racines aiment être serrées.

Sinon vous pouvez aussi couper une petite tige avec des feuilles à la base. Placez ensuite votre bouture dans de l'eau à température ambiante sans que les feuilles ne soient au contact de l'eau. Disposez votre bouture dans une pièce lumineuse et changez l'eau tous les 3-4 jours. Une fois que les racines ont atteint 5 cm de longueur, plantez votre bouture dans un pot étroit avec du terreau « semis et bouturage ». Pensez à garder le terreau toujours humide en surface, surtout au début.

À L'AIDE ! PLANT MAN

Les pointes des feuilles brunissent !

C'est sûrement lié à un environnement trop sec. Éloignez votre plante verte des différentes sources de chaleur et brumisez son feuillage de temps en temps afin d'assurer une humidité ambiante plus importante.

Les feuilles jaunissent, les tiges deviennent molles...

Vous avez eu la main trop lourde sur l'arrosage ! Laissez le terreau sécher totalement entre chaque arrosage et faites attention à ne pas laisser d'eau stagner dans le fond du pot au risque d'entraîner un pourrissement des racines.

Ma plante ne grandit pas !

Si vous n'observez pas de nouvelles pousses, c'est lié à un manque de lumière. Déplacez-la afin de lui offrir une luminosité plus importante sans pour autant être directe. Si, malgré tout, vous n'observez toujours aucun changement au printemps et en été, pensez à rempoter votre plante verte pour lui apporter les nutriments nécessaires.

les bons plans de Pierre

Vous observez des taches noires sur les tiges ?

Pas d'inquiétude, c'est normal ! Cela n'est en aucun cas synonyme de mauvaise santé ni signe d'un problème particulier !

Les nouvelles tiges sont vert clair

C'est tout à fait normal, elles vont foncer de semaine en semaine. Si, malgré le temps, elles restent fragiles et ne prennent pas de couleur foncée, c'est sûrement lié à une carence. Pensez à apporter un engrais au printemps.

maranta

Son origine
Amérique latine

Famille
Marantacées

Variétés
Erythroneura, Kerchoveana, Massangeana, Bicolor,Lemon Lime

Dimensions
30 cm de hauteur pour 30 cm d'envergure

Température
Supérieure à 15 °C

Pièce idéale
Chambre

Pet friendly
Non toxique

Floraison
Même si la maranta est réputée pour son magnifique feuillage, elle fleurit assez facilement en été avec de toutes petites fleurs parfois colorées.

Ne soyez pas effrayé si vous voyez ses feuilles bouger ! Plus il y aura de lumière, plus les feuilles s'ouvriront et moins il y aura de lumière, plus les feuilles se replieront. C'est pour cette raison qu'on appelle cette plante verte « la dormeuse ».

01 | La choisir avant l'achat

Faites-vous plaisir avec la variété, chaque variété ayant un feuillage bien à elle ! Regardez l'ensemble des feuilles pour vous donner un avis sur son état général. Pour finir, privilégiez une plante avec un maximum de départs pour avoir une belle densité.

02 | Exposition ou lumière

Cette plante peut être placée dans une pièce lumineuse ou à la mi-ombre. Si vous la placez dans une pièce lumineuse, son feuillage sera splendide mais les feuilles risquent de s'enrouler. Vous pouvez donc la brumiser de temps en temps. À l'inverse, si vous la placez dans une pièce ombragée, son feuillage risque de pâlir. Évitez les rayons directs du soleil qui feraient apparaître des brûlures sur son feuillage.

03 | Arrosage

L'arrosage doit être régulier afin de maintenir le terreau humide tout au long de l'année. Comme pour beaucoup de plantes, ne laissez pas d'eau stagner dans votre coupelle. Si vous oubliez de l'arroser, votre maranta vous le rappellera en enroulant ses feuilles. En général, elle a besoin d'un arrosage 1 à 2 fois par semaine au printemps et en été, et tous les 10-15 jours en automne et en hiver.

04 | Entretien

En plus de nettoyer ses feuilles régulièrement pour favoriser la photosynthèse, coupez les feuilles abîmées à la base en laissant au minimum 30 % de feuilles sur votre plante verte. Pensez à faire pivoter votre plante verte d'un quart de de tour tous les mois afin qu'elle conserve une forme harmonieuse.

05 | Croissance

Même si la maranta a une croissance rapide et demande peu d'entretien, n'hésitez pas à utiliser un engrais de mars à septembre à raison d'une fois par mois afin de booster sa croissance et d'avoir de nouvelles feuilles.

06 | Rempotage

Pour savoir s'il est temps de rempoter votre maranta, sortez la motte du pot. Si vous voyez que les racines sont compressées autour du pot ou qu'elles sortent du pot, c'est qu'il est temps de la rempoter ! Généralement, on rempote une maranta tous les 2 ans au début du printemps afin de lui offrir un nouveau substrat riche en nutriments qui favorisent sa croissance.

07 | Multiplier

Pour multiplier votre plante verte, privilégiez la division qui consiste à séparer votre plante selon le nombre de boutures souhaitées. Utilisez un pot adapté, pas trop grand avec du terreau « semis et bouturage ». Pendant les premières semaines, maintenez le terreau toujours humide sans laisser d'eau stagner dans le fond du pot.

Vous pouvez aussi réaliser une bouture en coupant une tige sous un nœud. Prélevez une tige qui contient entre 2 et 3 feuilles, ce qui facilitera le développement des racines. Les racines peuvent prendre du temps à se développer en fonction du moment de l'année où vous allez bouturer votre maranta. Soyez patient !

À L'AIDE ! PLANT MAN

Mes feuilles deviennent jaune pâle !

Deux possibilités : soit votre plante ne reçoit pas assez de lumière, vous pouvez donc la déplacer légèrement pour qu'elle puisse s'épanouir davantage. Soit vous l'avez trop arrosée ! Laissez donc le terreau sécher avant le prochain arrosage et arrosez avec parcimonie.

Pourquoi les feuilles brunissent et sèchent ?

C'est signe d'un hypo-arrosage. Retirez votre plante de son cache-pot, puis baignez-la pendant 20 minutes dans de l'eau à température ambiante. Brumisez l'ensemble des feuilles et profitez-en pour les nettoyer avec un chiffon. Avant de la remettre dans son cache-pot, assurez-vous que le surplus d'eau se soit écoulé totalement par les trous du pot. Et pour finir, coupez l'ensemble des feuilles abîmées à la base.

Pourquoi les feuilles s'enroulent ?

Votre maranta reçoit sûrement trop de lumière ou l'air de votre intérieur est trop sec. Changez-la d'emplacement et éloignez-la des différentes sources de chaleur (soleil, radiateur, poêle à bois, etc.). Pensez aussi à brumiser son feuillage de temps en temps pour éviter ce problème. Si vous avez oublié de l'arroser depuis quelques semaines, votre maranta peut aussi vous le signaler en enroulant ses feuilles.

les bons plans de Pierre

Humidité ambiante

N'hésitez pas à la mettre à côté d'autres plantes afin de conserver une humidité ambiante plus importante que si elle était toute seule. Vous pouvez aussi ajouter une coupelle de billes d'argile humides en dessous du pot de votre maranta pour améliorer l'humidité environnante.

À l'attaque !

L'un des pires ennemis pour la maranta, c'est l'araignée rouge ! Ces petites bêtes s'installeront sur votre maranta, surtout si l'air ambiant est chaud et sec. N'hésitez donc pas à nettoyer régulièrement les feuilles de votre plante et surtout à brumiser son feuillage de temps en temps afin d'éviter les attaques.

sansevieria

Son origine
Afrique, dans une zone allant du Nigeria à l'est du Congo

Famille
Liliacées

Variétés
Trifasciata, cylindrica, laurentii

Dimensions
De 30 à 70 cm, voire plus !

Température
Entre 15 et 24 °C

Pièce idéale
Salle de bains

Pet friendly
Toxique

Floraison
Cette plante très graphique peut fleurir mais c'est assez rare, surtout dans nos intérieurs. Pour y parvenir, il faut que votre plante reçoive suffisamment de lumière. Si c'est le cas, elle fera apparaître en été de jolies fleurs blanches ou vertes qui dégageront un parfum intense.

Le *Sansevieria*, appelé aussi « langue de belle-mère », est une plante très simple d'entretien, parfaite pour les débutants car elle s'adapte à n'importe quel environnement.

01 | Le choisir avant l'achat

Si vous débutez avec les plantes vertes, je vous conseille de vous orienter vers la variété laurentii qui est l'une des plus simples à trouver mais aussi l'une des plus robustes. Pour la reconnaître, regardez les feuilles : elles sont bordées d'un liseré jaune.

02 | Exposition ou lumière

Cette plante aime la lumière, vous pouvez donc la placer dans une pièce lumineuse mais évitez de la mettre au contact direct des rayons du soleil. Elle peut aussi se contenter d'une pièce peu lumineuse mais elle aura une croissance plus lente. En hiver, comme toutes les plantes, on l'éloigne des sources de chaleur car c'est une plante tropicale qui adore l'humidité ambiante. On l'éloigne aussi des courants d'air, surtout l'hiver pour éviter qu'elle n'attrape froid.

03 | Arrosage

Laissez le terreau sécher en surface entre chaque arrosage, c'est-à-dire toutes les 2 semaines environ. En hiver, arrosez votre plante une fois par mois (pas plus) et ne laissez jamais d'eau stagner dans la coupelle.

04 | Entretien

Il y a deux choses principales à faire avec votre *Sansevieria* : la première consiste à nettoyer ses feuilles ! Prenez deux chiffons humides et placez les feuilles entre les deux pour nettoyer efficacement chaque côté de la feuille. La seconde concerne le feuillage qui devient trop envahissant ou abîmé : coupez les tiges simplement le plus près possible de la terre.

05 | Croissance

Cette plante a une croissance lente, surtout si elle ne reçoit pas suffisamment de lumière. Vous pourrez, dès le début du printemps, apporter un peu d'engrais afin de stimuler sa croissance et, si besoin, placez-la dans une pièce plus lumineuse.

06 | Rempotage

Dès que vous observerez des racines sortir du pot, c'est qu'il est temps de rempoter votre plante ! Pour cela, sortez la motte du pot, griffez-la pour retirer l'ancien terreau en faisant attention de ne pas abîmer les racines. Utilisez un pot légèrement plus grand que l'ancien, et remplissez d'un terreau pour plantes vertes. Placez votre plante au milieu et stabilisez-la en tassant le substrat. Arrosez-la et replacez-la à l'endroit où elle se trouvait.

07 | Multiplier

Bien qu'il soit possible de bouturer un *Sansevieria* avec une feuille, si vous voulez préserver le cultivar (la même variété), il est conseillé d'utiliser la division.

Pour multiplier votre *Sansevieria* avec une feuille, prélevez une feuille avec un sécateur désinfecté, découpez ensuite votre feuille en tronçons de 8 à 10 cm en prenant garde à marquer le haut et le bas de chaque partie. Laissez les feuilles sécher pendant 2-3 jours, puis placez vos boutures dans un godet avec du terreau « semis et bouturage » ou dans de l'eau à température ambiante.

Pour multiplier votre *Sansevieria* par la division, il vous suffit de séparer votre plante contenant plusieurs rosettes en plantes individuelles.

À L'AIDE ! PLANT MAN

Les feuilles deviennent molles !

Vous avez sûrement trop arrosé votre plante ! Attendez que le terreau sèche entre chaque arrosage, c'est-à-dire tous les 10-15 jours. Si vous avez eu la main trop lourde sur l'arrosage, sortez la motte de son pot pour l'aérer et vérifiez en même temps qu'il n'y ait pas de pourrissement au niveau des racines.

Les feuilles tombent sur les côtés !

Retirez toutes les feuilles séchées qui se trouvent en surface et procédez à un surfaçage. Déposez ensuite un nouveau terreau en surface riche en nutriments en mettant du terreau délicatement entre les feuilles pour les maintenir à leur place.

Des pointes brunes et sèches

L'apparition de pointes brunes et sèches sur votre plante verte est signe d'un manque d'arrosage ! Même si votre plante supporte les arrosages peu fréquents, il lui faut tout de même de l'eau. Pensez à l'arroser plus régulièrement.

Ma plante ne grandit pas

Soyez patient, le *Sansevieria* a une croissance plutôt lente. N'hésitez pas à lui apporter de l'engrais au printemps afin de l'aider à se développer. Pensez aussi à lui offrir une ambiance plus lumineuse.

les bons plans de Pierre

Air purifié

Avec le *Sansevieria*, on respire ! Cette plante est reconnue pour purifier l'air de nos intérieurs. Elle absorbe le benzène (fumée, peinture) ou encore le formaldéhyde (produits de nettoyage). C'est pour cette raison qu'on aime la placer dans nos salles de bain... mais si vous la brumisez de temps en temps, vous pouvez aussi la placer dans votre chambre !

Association de bienfaiteurs

La multiplication du *Sansevieria* à l'aide d'une feuille est assez long ! N'hésitez donc pas à utiliser un pot opaque car les racines se développent plus rapidement dans le noir. Réalisez une bouture de pothos en même temps afin d'accélérer le processus. Et pensez à changer l'eau toutes les semaines par de l'eau tiède.

calathéa

Son origine
Amérique du Sud, dans les forêts vierges d'Amazonie

Famille
Marantacées

Variété
Triostar, *orbifolia*, Médaillon, *lancifolia*, *crocata*

Dimensions
Entre 40 et 80 cm en pot

Température
Supérieure à 15 °C

Pièce idéale
Salle de bains ou cuisine

Pet friendly
Non toxique

Floraison
Sa floraison est assez rare quand on la cultive en intérieur, mais autant vous dire que les fleurs du *calathéa crocata* sont tout simplement magnifiques !

On a tous déjà flashé sur un calathéa, et c'est normal ! Il possède des feuilles dignes d'une œuvre d'art qui s'ouvrent la journée pour capter la lumière et se referment la nuit pour se reposer.

01 | Le choisir avant l'achat

Pour choisir votre calathéa, regardez l'état général des feuilles. Vérifiez que les feuilles ne soient pas trop abîmées, jaunes ou marron et surtout qu'il n'y a pas de présence d'un quelconque parasite. Privilégiez aussi un calathéa avec le plus de départs possible afin d'avoir une plante bien garnie. Petite information importante, si vous achetez votre calathéa en fin de journée, les feuilles vont sûrement se refermer alors qu'en milieu de journée, les feuilles seront ouvertes. C'est tout à fait normal.

02 | Exposition ou lumière

Cette magnifique plante se place dans une pièce peu lumineuse. C'est pour cette raison qu'elle possède de grandes feuilles pour capter au maximum la luminosité. Évitez de la placer derrière une fenêtre, sinon le soleil risque de faire disparaître les magnifiques marques présentes sur son feuillage voire de brûler ses jolies feuilles. En été, on évite de la placer proche d'un climatiseur et, en hiver, on l'éloigne des différentes sources de chaleur.

03 | Arrosage

Le terreau doit toujours être légèrement humide, mais pas saturé ! En général, on privilégie un à deux arrosages par semaine au printemps et en été. En hiver, on pourra laisser le terreau sécher en surface entre chaque arrosage. Mais quoi qu'il arrive, évitez l'eau stagnante au fond du pot ou dans la coupelle. N'hésitez pas à brumiser ses feuilles de temps en temps afin d'accroître l'humidité ambiante. Utilisez de l'eau de pluie ou de l'eau filtrée pour éviter les traces de calcaire sur son feuillage.

04 | Entretien

Dépoussiérez régulièrement les feuilles de votre calathéa afin que les feuilles absorbent mieux la lumière. Profitez-en pour couper les feuilles abîmées ou sèches à la base pour préserver l'énergie de votre plante verte. Au moment de l'arrosage, pensez à faire pivoter votre pot d'un quart de tour pour garder une forme harmonieuse.

05 | Croissance

Si les conditions sont réunies, votre calathéa peut atteindre sa taille adulte en l'espace d'un an ! Pour l'aider, n'hésitez pas à le booster avec un engrais dès le printemps, à raison d'une fois par mois jusqu'à la fin de l'automne.

06 | Rempotage

Le rempotage s'effectue au printemps tous les ans, voire tous les deux ans. Pour permettre à votre calathéa de grandir, utilisez un pot légèrement plus grand que l'ancien (2 à 5 cm, pas plus) afin d'éviter de noyer les racines dans un espace trop grand. Si vous voulez conserver sa taille actuelle, vous pouvez le rempoter dans le même pot.

07 | Multiplier

La méthode la plus simple pour multiplier un calathéa est de le diviser au moment du rempotage. Quand vous sortez la motte de son pot, divisez délicatement les racines : elles forment normalement des séparations naturelles. Si ce n'est pas le cas, vous pouvez utiliser une lame pour les couper.

À L'AIDE ! PLANT MAN

Les feuilles de mon calathéa jaunissent !

Observez l'ensemble des feuilles pour vous assurer de l'absence de parasites qui peuvent être la cause du problème. Un simple jaunissement sur les nouvelles et les anciennes feuilles est lié à un excès d'arrosage. Vérifiez que l'eau s'évacue correctement de votre pot et laissez la motte sécher avant le prochain arrosage. N'hésitez pas à déplacer votre plante verte pour qu'elle reçoive un peu plus de lumière.

Pourquoi l'extrémité des feuilles sèche ?

On observe souvent un dessèchement des feuilles quand on commence à chauffer nos intérieurs. Éloignez votre plante verte des différentes sources de chaleur, placez des billes d'argile humides entre le pot et la coupelle et n'hésitez pas à brumiser le feuillage de votre plante !

Les feuilles s'enroulent...

C'est signe d'un sous arrosage ! Pensez à arroser votre plante verte par baignade pendant 15-20 minutes, puis brumisez-la. Respectez ensuite l'arrosage pour que le terreau soit toujours légèrement humide au toucher.

Les feuilles deviennent marron et sèches

Douchez votre plante à température ambiante et baignez-la ensuite pendant 15-20 minutes. Vous pouvez couper à la base l'ensemble des feuilles abîmées qui ne retrouveront pas leur état d'origine.

les bons plans de Pierre

Eau toute propre

Pour nettoyer les feuilles de votre calathéa, vous pouvez utiliser de l'eau filtrée (par une carafe) ou déminéralisée. Cela évitera de salir ses jolies feuilles avec des traces de calcaire !

Bruit suspect

Comme la maranta ou encore la cténanthe, le calathéa a tendance à faire bouger son feuillage en fin de journée. Eh oui, les feuilles s'ouvrent la journée et se referment la nuit. Évitez de placer cette plante près d'un mur de votre chambre au risque d'être réveillé par le bruit de ses feuilles !

pachira aquatica

Son origine
Amérique du Sud et Amérique centrale

Famille
Bombacacées

Variétés
Pachira aquatica

Dimensions
2 m en intérieur

Température
Entre 12 et 20 °C

Pièce idéale
Bureau

Pet friendly
Non toxique

Floraison
Très rare en intérieur

Le *pachira aquatica* est souvent présenté avec 5 pieds tressés. Même si son nom comporte le terme « *aquatica* », il n'a pourtant pas besoin d'un arrosage excessif, c'est même tout le contraire...

01 | Le choisir avant l'achat

Au moment d'acheter votre pachira, choisissez un spécimen avec des départs en bonne santé, c'est-à-dire des tiges dures au toucher et avec des feuilles présentes à l'extrémité. Si vous prenez un pachira avec une tige molle, c'est qu'elle est morte ou sur le déclin à cause d'un pourrissement.

02 | Exposition ou lumière

Cette plante peut être placée dans une pièce lumineuse ou à la mi-ombre. Si vous la disposez dans une pièce lumineuse, sa croissance sera plus rapide qu'à la mi-ombre. Évitez les rayons directs du soleil qui feraient apparaître des brûlures sur son feuillage.

03 | Arrosage

L'arrosage du pachira est assez simple : attendez que le terreau sèche en surface entre chaque arrosage ! Au printemps ou en été, on arrose généralement une fois par semaine et, en automne et en hiver, tous les 15 jours. Évitez l'arrosage excessif et l'eau stagnante dans le fond du pot.

04 | Entretien

Afin de permettre à votre pachira de garder une forme harmonieuse, n'hésitez pas à tailler les feuilles abîmées ou sèches, Si vous ne le faites pas, elles tomberont naturellement. Si vous trouvez votre pachira un peu trop garni, vous pouvez couper quelques feuilles avec un sécateur désinfecté. Cette taille favorisera de nouvelles ramifications. Pour garder sa forme harmonieuse et pour éviter que les feuilles ne se développent que d'un seul côté, faites pivoter votre pot d'un quart de tour tous les mois. Comme pour l'ensemble des plantes vertes, on en profite pour nettoyer régulièrement l'ensemble du feuillage avec un coton humide.

05 | Croissance

Même si le pachira a une croissance plutôt rapide, vous pouvez le booster avec un apport d'engrais au printemps et en été à raison d'une fois par mois. Réalisez un surfaçage une fois par an afin de lui apporter les nutriments nécessaires à son bon développement.

06 | Rempotage

Si vous observez que les racines commencent à sortir du pot, c'est qu'il est temps de rempoter votre pachira. Mais je conseille souvent de le rempoter tous les 2 ans afin d'accélérer sa croissance en lui apportant un nouveau terreau riche en nutriments. Réalisez le rempotage au début du printemps dans un pot légèrement plus grand que l'ancien pour éviter qu'il ne consacre toute son énergie au développement des racines. Si possible, utilisez un pot plus profond que large !

07 | Multiplier

Le meilleur moment pour multiplier votre pachira, c'est au moment de la taille et plutôt au début du printemps. Pour cela, on coupe tout simplement la tige en dessous d'un nœud, c'est-à-dire en dessous d'un départ de feuilles. Pour assurer un bon développement des racines, le mieux est de se procurer une tige avec au minimum 3 nœuds en plus sur celle-ci. Retirez ensuite les feuilles sur la partie basse de la tige pour ne garder que des feuilles sur le haut afin que votre bouture se concentre sur le développement des racines et non sur le fait de garder ses feuilles en bonne santé. Mettez votre bouture dans du terreau léger et enfoncez-la pour que les deux nœuds du bas soient au contact du terreau. Placez votre bouture dans une pièce lumineuse, mais pas au contact direct du soleil, et gardez le terreau toujours humide.

À L'AIDE ! PLANT MAN

Mon pachira n'a pas une forme harmonieuse...

Si la forme que prend votre pachira en grandissant ne vous plaît pas, vous pouvez le tailler ! Opérez une taille plutôt au printemps. Pour cela, observez bien votre pachira afin de savoir la forme que vous souhaitez lui donner. Puis à l'aide d'un sécateur désinfecté, coupez la feuille au-dessus d'un œil.

Pourquoi les feuilles de mon pachira jaunissent ?

Si les feuilles de votre *Pachira aquatica* commencent à jaunir, c'est un problème de drainage, un problème d'arrosage ou encore un problème d'exposition ! Dans un premier temps, vérifiez que votre pachira ne soit pas exposé à la lumière directe du soleil. Vérifiez que l'eau ne stagne pas dans le fond du pot et que ce dernier soit bien percé dans le fond. Puis pour finir, n'oubliez pas de laisser le terreau sécher entre chaque arrosage.

Les feuilles de mon pachira sèchent !

C'est signe d'un air ambiant trop sec ou d'un manque d'eau. N'oubliez donc pas d'arroser votre pachira dès que le terreau sèche en surface et éloignez-le des différentes sources de chaleur. Afin d'améliorer l'humidité ambiante, vous pouvez placer votre plante verte sur un lit de billes d'argile humides et brumiser son feuillage de temps en temps avec de l'eau non calcaire.

les bons plans de Pierre

Jolies tresses

Pour donner une forme harmonieuse à votre pachira, n'oubliez pas de tresser les tiges. Le meilleur moment pour réaliser un tressage, c'est quand les tiges sont souples. Si vous tardez trop, vous risquez de les casser et si vous le faites trop rapidement, sa croissance en sera impactée ! Un bon dosage est à trouver !

Floraison grandiose

Même s'il est rare de voir un *Pachira aquatica* fleurir, il existe quelques spécimens en France qui font de jolies fleurs, surtout sous serre. En effet, ils fleurissent assez facilement en pleine terre sous les climats tropicaux. Leurs magnifiques fleurs sont très grandes, environ 20 cm de diamètre, mais malheureusement éphémères.

piléa

Son origine
Sud-ouest de la Chine

Famille
Urticacées

Variétés
Peperomioides, Moon Valley, Mojito, Sugar

Dimensions
30 à 50 cm de hauteur

Température
Au minimum 12 °C

Pièce idéale
Cuisine ou salle de bain

Pet friendly
Non toxique

Floraison
Plutôt discrète, en épi

Une plante avec de jolies feuilles rondes ! C'est pour cette raison qu'on la surnomme la « monnaie chinoise » et, en plus, c'est une plante porte-bonheur assez simple d'entretien si on la place au bon endroit.

01 | Le choisir avant l'achat

Au moment d'acheter votre piléa, observez la tige principale pour vérifier l'absence de blessure ! Profitez-en pour regarder si vous ne voyez pas de parasites le long de la tige ou sur les feuilles. Vous pouvez aussi vous orienter vers un piléa avec des rejets afin de les récupérer tout de suite pour multiplier votre plante verte dès son acquisition !

02 | Exposition ou lumière

Cette plante verte aux feuilles rondes adore la lumière. Placez-la dans une pièce lumineuse, mais évitez les rayons directs du soleil qui risquent de brûler son magnifique feuillage. Si vous avez l'impression que votre plante végète, c'est qu'elle manque certainement de lumière !

03 Arrosage

Votre piléa a besoin d'une atmosphère et d'un terreau toujours humides. Laissez le terreau sécher en surface entre chaque arrosage. Généralement, on l'arrose jusqu'à deux fois par semaine en période estivale et à raison d'une fois tous les 10 jours en hiver. Pensez à ne jamais laisser d'eau stagner au fond du pot ou dans la coupelle pour éviter le pourrissement des racines.

04 Entretien

Le piléa a tendance à pencher du côté de sa source de lumière. Pour lui permettre de garder une forme harmonieuse, faites pivoter votre plante verte d'un quart de tour. Profitez-en pour nettoyer l'ensemble des feuilles afin de lui permettre de capter plus facilement la lumière et donc de grandir. Si vous observez des feuilles jaunes à la base de la plante, retirez-les afin qu'elle se concentre sur le développement de nouvelles feuilles.

05 Croissance

Même si le piléa a une croissance assez rapide, il peut atteindre sa taille adulte au bout de 2 ans. N'hésitez pas à lui apporter de l'engrais pendant sa période de croissance, c'est-à-dire au printemps et en été à raison d'une fois par mois. Il aura tendance à s'affaisser sur un côté, car il se dégarnit du bas et les feuilles du haut font du poids. Pour éviter que votre plante ne s'affaisse trop, vous pouvez la guider avec un tuteur. Si vous voulez garder votre piléa sans tuteur, utilisez un pot en terre cuite et ajoutez du poids sur votre pot pour éviter, qu'un jour, votre magnifique plante verte ne tombe.

06 Rempotage

Généralement, on rempote le piléa tous les ans au début du printemps afin de lui offrir un nouveau substrat riche en nutriments pour favoriser sa croissance. Si, à l'achat, vous observez que les racines sortent du pot, rempotez-le dans un pot légèrement plus grand.

07 Multiplier

Pour multiplier votre plante verte, privilégiez la séparation d'un rejet. Pour cela, regardez au niveau des racines et repérez des parties avec des tiges indépendantes où poussent plusieurs feuilles (dans l'idéal entre 3 et 5 feuilles). Cette petite tige est une nouvelle pousse qui cherche à se développer à côté de la plante mère. Récupérez-la délicatement sans casser les racines et mettez-la directement en terre ou dans de l'eau à température ambiante.

À L'AIDE ! PLANT MAN

Feuilles molles

Si vous venez d'ajouter de l'engrais, vous avez peut-être eu la main un peu lourde : espacez alors l'apport d'engrais. Si vous n'avez pas ajouté d'engrais, c'est un problème d'arrosage. Laissez le substrat sécher en surface entre chaque arrosage sur les premiers centimètres.

Ma plante perd ses feuilles à la base

C'est tout à fait normal que votre piléa perde ses feuilles à la base et se développe en hauteur. La tige s'allonge et grossit petit à petit, des nouvelles feuilles apparaissent sur le sommet de votre plante alors qu'elle se dégarnit à la base pour laisser place à des rejets.

Les feuilles se recroquevillent

Votre plante ne reçoit pas assez de lumière. Décalez-la légèrement pour qu'elle puisse s'épanouir davantage. Évitez tout de même de la mettre derrière une fenêtre plein sud au risque de voir son feuillage brûlé par les rayons directs du soleil.

Le feuillage noircit, jaunit, tombe

Vous l'avez peut-être trop arrosé ! Laissez le terreau sécher avant le prochain arrosage et évitez l'excès d'eau. Vous pouvez sortir la motte du pot, la placer dans du papier journal au milieu d'une pièce aérée pour qu'elle sèche plus rapidement. L'autre cause d'un feuillage noirci, c'est la présence d'eau stagnante au fond du pot. Regardez si votre pot est bien troué et évitez de laisser l'eau stagner dans la coupelle.

les bons plans de Pierre

Porte-bonheur

Savez-vous que certaines personnes glissent une pièce de monnaie au pied de leur piléa ? Ceci afin d'assurer la prospérité de leur foyer… Cela ne coûte rien d'essayer !

Question de pot

Privilégiez un pot en terre cuite ! La terre cuite permet d'absorber l'excès d'eau et l'humidité. Il permettra aux racines de se développer plus rapidement sans craindre un pourrissement. Mettez donc de côté votre pot en plastique pour le piléa !

Semer des graines ?

Vous n'avez jamais entendu parler de graines de piléa ? Pourtant, on peut en acheter sur Internet. Mais attention, il est assez compliqué d'en trouver qui soient de bonne qualité et il est surtout difficile de parvenir à les faire germer. Voici quelques conseils pour maximiser vos chances de réussite. Utilisez un terreau « semis et repiquage » ainsi qu'une mini-serre. Réalisez un sillon d'environ 1 cm de profondeur, déposez vos graines, puis refermez le sillon. Maintenez le terreau toujours humide et une température aux alentours de 20 °C. Soyez patient, comptez environ 4 à 5 semaines pour avoir des pousses !

echinocereus coccineus

Son origine
Amérique du Nord et du Sud, avec une forte concentration au Mexique

Famille
Cactacées

Genres
Opuntia, *Echinocactus*, *Echinopsis*, *Ferocactus*

Dimensions
Variables selon la variété

Température
Supérieure à 12 °C

Pièce idéale
Salon

Pet friendly
Pas tous...

Floraison
Elle apparaît au début du printemps.

Pour apporter une dose de piquant à votre intérieur, laissez-vous charmer par le cactus ! Une plante d'intérieur ou d'extérieur originale, très simple à vivre et à entretenir.

01 | Le choisir avant l'achat

La première chose à regarder, c'est si le cactus que vous souhaitez acheter ne s'étiole pas. S'il fait des tiges longues et qu'à la base, la partie est plus vert clair que la partie haute, cela signifie qu'il recherche la lumière ! Vérifiez ensuite l'absence de tache sur le tronc ainsi que sa fermeté. Et pour finir, bannissez les cactus qui ont une fleur en plastique collée dessus.

02 | Exposition ou lumière

Dès les beaux jours du printemps, vous pouvez sortir votre cactus pour qu'il profite de la lumière du soleil. N'oubliez pas de le rentrer afin de l'hiverner dès l'automne. Le cactus résiste difficilement au froid et aux gelées matinales. Bien entendu, vous pouvez le laisser toute l'année dans votre intérieur. Sa place idéale est dans une pièce très lumineuse avec du soleil direct ou non.

03 | Arrosage

Le cactus peut résister aux oublis d'arrosage, mais pas à l'excès d'eau ! Arrosez-le uniquement au printemps à l'aide d'un brumisateur afin d'humidifier la surface du terreau uniquement. Réalisez un arrosage de ce type tous les 15 jours. Vérifiez que l'eau ne stagne pas au fond du pot ou dans votre coupelle au risque de voir votre cactus pourrir. En été, vous pouvez continuer à le brumiser de temps en temps en cas de forte chaleur !

04 | Entretien

Nettoyez votre cactus à l'aide d'un pinceau pour éviter de vous faire piquer ! Utilisez un pinceau à poils souples en faisant attention de ne pas l'abîmer.

05 | Croissance

Afin de stimuler la croissance et la floraison de votre cactus, vous pouvez utiliser un engrais liquide mélangé à de l'eau. Apportez de l'engrais uniquement au printemps juste après avoir arrosé votre cactus, sinon l'engrais risque de stagner en surface.

06 | Rempotage

Pour les cactus, le rempotage n'est pas vraiment nécessaire car leur système racinaire est très peu développé. Mais pour renouveler son terreau et lui apporter de nouveaux nutriments, vous pouvez réaliser un rempotage tous les 4-5 ans, au printemps. Utilisez alors un pot légèrement plus grand, et retirez un maximum de terreau autour des racines. Juste après le rempotage, n'arrosez pas votre cactus, le terreau est souvent suffisamment humide. Patientez 2-3 semaines avant de brumiser le terreau. La première année, n'apportez pas d'engrais, il y en a déjà suffisamment dans le terreau spécial « cactées ».

07 | Multiplier

Le meilleur moment pour bouturer un cactus est à la fin du printemps et au début de l'été. C'est la période à laquelle votre plante recevra suffisamment de lumière et de chaleur pour se développer. Elle aura aussi assez de temps pour croître avant l'hiver. Une fois que vous avez sélectionné une tige robuste, sectionnez une partie avec un sécateur désinfecté. Laissez ensuite cette partie sécher à l'air libre dans une pièce chaude mais pas au contact direct du soleil. Cette étape peut prendre plusieurs semaines car il faut attendre que la tige soit totalement sèche. Repiquez ensuite votre bouture dans du terreau spécial « cactées » en l'enfonçant de quelques centimètres à peine. Pour éviter que votre bouture ne tombe, utilisez des tuteurs pour la maintenir au contact du substrat. Gardez le substrat humide et placez votre bouture dans une pièce chaude et lumineuse.

À L'AIDE ! PLANT MAN

Mon cactus devient mou

La première cause de mortalité des cactus est un excès d'arrosage ajouté à une baisse des températures. La conséquence est un ramollissement, voire un pourrissement à la base. Le cactus change alors de couleur pour tendre vers le noir. Si vous observez ce problème, il est malheureusement souvent trop tard pour sauver votre cactus. Si une surface limitée du cactus est molle ou pourrie, vous pouvez bouturer la partie saine.

Mon cactus se dessèche et flétrit ...

L'arrosage semble insuffisant ! Même si le cactus supporte facilement les températures élevées, il faut l'arroser surtout en période « chaude ». Vous pouvez couper les parties flétries s'il est trop tard, sinon reprenez votre arrosage et votre cactus retrouvera sa forme initiale.

Des taches claires, jaunâtres puis brunes apparaissent !

L'apparition de ces taches arrive en cas d'exposition brutale au soleil. Vous ne pouvez rien faire à part le changer de place rapidement. Les taches ne vont pas disparaître mais votre cactus peut vivre sans problème avec ces brûlures.

Des taches noires apparaissent sur mon cactus

C'est soit en lien avec l'air ambiant trop humide ou un problème de substrat. Essayez de changer l'emplacement de votre cactus dans une pièce moins humide. Si les taches apparaissent de nouveau, rempotez votre cactus dans un terreau adapté.

les bons plans de Pierre

Cactus gratuit

Savez-vous que vous pouvez récupérer les graines d'un pitaya, connu aussi sous le nom de fruit du dragon, pour faire pousser un cactus gratuitement ? N'espérez pas récolter un fruit, mais ce sera toujours un beau cactus de plus dans votre collection !

Aïe, ça pique !

Vous avez malencontreusement frôlé votre cactus et vous avez une (voire plusieurs) épines dans la main ? Malgré la pince à épiler, vous ne parvenez pas à retirer les glochides ? Une astuce consiste à utiliser un ruban adhésif en le collant sur la partie touchée puis en le retirant, vous pouvez réaliser cette opération plusieurs fois. C'est très pratique et super efficace !

tradescantia

Son origine
Amérique du Nord et du Sud

Famille
Commelinacées

Variété
Nanouk, *zebrina*, *pallida*, *aurea*, Yellow Hill, *fluminensis*

Dimensions
Environ 60 cm de hauteur

Température
Entre 15 et 22 °C

Pièce idéale
Bureau

Pet friendly
Toxique

Floraison
Au printemps, vous observerez pendant plusieurs semaines l'apparition de petites fleurs blanches, violettes, ou même d'autres couleurs.

Bien que cette plante soit connue sous le nom de « misère », n'ayez aucune crainte, elle ne va pas vous porter malheur ! Au contraire, elle peut supporter toutes les misères qu'on peut lui infliger ! Dans les pires conditions, elle saura survivre.

01 | Le choisir avant l'achat

Au moment d'acheter votre misère, choisissez le feuillage et donc la variété qui vous plaît le plus. Profitez-en pour vous assurer de l'absence de parasites, vérifiez que le pot possède des trous de drainage dans le fond, sinon vous devrez la rempoter tout de suite. Privilégiez une misère avec un nombre de départs important afin d'avoir une plante bien étoffée.

02 | Exposition ou lumière

Le tradescantia s'épanouit dans une pièce lumineuse. Plus il recevra de lumière, plus son feuillage sera nuancé et plus sa croissance sera rapide. Gardez-le tout de même dans une lumière indirecte, derrière un voilage léger par exemple.

03 | Arrosage

Dès le printemps et l'été, laissez sécher le terreau sur les premiers centimètres entre chaque arrosage. Vous pouvez l'arroser par bassinage, mais évitez de laisser de l'eau stagner dans le fond du pot. Quoi qu'il arrive, ne laissez pas le substrat sécher totalement entre chaque arrosage. Si les feuilles présentes à la base de votre plante commencent à sécher, c'est qu'il y a un sous-arrosage. Au contraire, si les feuilles commencent à jaunir, c'est que vous arrosez beaucoup trop votre plante !

04 | Entretien

Taillez régulièrement les tiges pour garder une certaine harmonie, car la plante a tendance à se dégarnir et à s'allonger sans se ramifier. Profitez-en pour nettoyer l'ensemble des feuilles avec de l'eau non calcaire afin de favoriser la photosynthèse et donc son développement. Si vous observez des feuilles abîmées, coupez-les après avoir essayé de diagnostiquer le problème !

05 | Croissance

Les tradescantias peuvent pousser très, très vite même en hiver ! Multipliez votre plante souvent afin de forcer les ramifications. Si vous le rempotez tous les ans au début de la période de croissance, vous pouvez vous passer de l'utilisation d'un engrais. Si vous le rempotez tous les 2 ans, apportez-lui un engrais d'avril à septembre à raison d'une fois tous les 15 jours afin de booster sa croissance.

06 | Rempotage

Le tradescantia a une croissance rapide, il est donc nécessaire de le rempoter tous les ans, voire tous les 2 ans au début du printemps. Utilisez un pot légèrement plus grand que l'ancien, griffez les racines pour retirer un maximum de substrat, puis remplacez le substrat dans le nouveau pot.

07 | Multiplier

Il est aussi simple de multiplier un tradescantia que de multiplier un pothos. Deux solutions s'offrent à vous. Vous pouvez le bouturer dans de l'eau ou le mettre directement dans son substrat. Pour cela, coupez une tige comportant un nœud et mettez ce dernier dans de l'eau à température ambiante. Placez ensuite votre bouture dans une pièce lumineuse et n'oubliez pas de changer l'eau tous les 3-4 jours. Normalement, au bout d'une semaine, vous verrez apparaître des racines ! Vous pouvez aussi tout simplement mettre cette tige directement dans un terreau adapté que vous gardez humide.

À L'AIDE ! PLANT MAN

Mon tradescantia ne ressemble plus à rien

Si les feuilles commencent à perdre de leurs couleurs et que les tiges s'étiolent, c'est sûrement que vous venez de découvrir le tradescantia l'hiver ! Essayez de lui apporter un peu plus de lumière en cette période froide et peu lumineuse. Pensez à le tailler et pourquoi pas à en profiter pour le bouturer.

Les tiges de mon tradescantia se cassent !

Pas d'inquiétude, c'est tout à fait normal. C'est une façon qu'il a de se multiplier. Récupérez les tiges cassées afin de multiplier votre plante. Une bouture gratuite, c'est cadeau !

Mon tradescantia perd ses couleurs

Si votre plante verte perd son panache, c'est-à-dire que les feuilles deviennent vertes alors qu'elles sont censées avoir de jolies couleurs, c'est que votre tradescantia manque cruellement de lumière ! Déplacez-le pour lui offrir une ambiance plus lumineuse.

les bons plans de Pierre

Bouturez-le !

Si vous avez la chance de connaître une personne de votre entourage qui possède cette plante verte, demandez-lui de réaliser une taille de quelques tiges afin de pouvoir le bouturer.

Je veux étoffer ma misère

Pour étoffer votre tradescantia, taillez-le pour forcer les ramifications. Vous en profiterez pour le bouturer afin de, pourquoi pas, les repiquer avec la plante mère au moment du rempotage.

yucca

Son origine
Amérique du Sud et centrale

Famille
Agavacées

Variétés
Elephantipes, Maya,Jewel

Dimensions
1 m de hauteur dans nos intérieurs

Température
Supérieure à 7 °C

Pièce idéale
Salon

Pet friendly
Toxique

Floraison
Possible en été mais rare en intérieur

Le yucca a été sous les feux de la rampe il y a quelques décennies, puis a quasiment disparu de nos intérieurs. Pourtant, c'est l'une des plantes les plus simples d'entretien et l'une des plus résistantes ! Mais encore faut-il bien s'en occuper et surtout ne pas trop l'arroser...

01 | Le choisir avant l'achat

Au moment de choisir votre yucca, regardez si le tronc ne bouge pas du substrat en le remuant délicatement de gauche à droite dans son pot. Si c'est le cas, c'est qu'il vient d'être rempoté, je vous conseille donc de prendre un autre yucca avec un système racinaire plus développé. Regardez aussi si le tronc n'est pas mou. Si c'est le cas, c'est qu'il a déjà subi un excès d'arrosage et que ses racines commencent à pourrir.

02 | Exposition ou lumière

Le yucca a besoin de lumière, d'énormément de lumière ! Mais si vous pouvez le sortir en période estivale, il vaut mieux éviter quand même les rayons directs du soleil. Abstenez-vous aussi de le placer derrière une fenêtre orientée plein sud, cela risque de l'assécher et de brûler son feuillage. L'idéal serait de le placer derrière une fenêtre ou une baie vitrée orientées ouest.

03 | Arrosage

Le pire ennemi de cette plante verte, c'est l'excès d'arrosage ! Au printemps et en été, laissez le terreau sécher en surface entre chaque arrosage. En automne et en hiver, laissez le terreau sécher totalement entre chaque arrosage. N'oubliez pas de retirer l'excès d'eau dans le fond du pot ou dans la coupelle pour éviter le pourrissement des racines.

04 | Entretien

Même si cela semble pénible, il est important de nettoyer l'ensemble des feuilles afin de favoriser la photosynthèse et ainsi le développement de votre plante. Pensez à faire pivoter d'un quart de tour votre plante verte toutes les 5-6 semaines. Si vous observez que votre plante verte s'affaisse sur l'un des côtés du pot, vous pouvez réaliser un surfaçage afin d'apporter des nutriments, mais aussi de lui redonner du maintien.

05 | Croissance

En intérieur, le yucca a une croissance assez lente mais son système racinaire peut vite se retrouver à l'étroit dans son pot. Vous pouvez réaliser un surfaçage en fin d'hiver afin de lui apporter de nouveaux nutriments. De plus, apportez-lui de l'engrais pendant sa période de croissance, c'est-à-dire au printemps et en été, à raison d'une fois par mois.

06 | Rempotage

Même si votre yucca aime se sentir à l'étroit dans son pot, il faudra tout de même le rempoter au bout de 2-3 ans dans un pot légèrement plus grand. Utilisez un substrat adapté et bien drainant afin d'éviter le pourrissement des racines et du tronc. Au bout d'un certain temps, il sera compliqué de lui trouver un pot plus grand, réalisez seulement un surfaçage pour lui apporter les nutriments nécessaires à son développement.

07 | Multiplier

Cette plante se bouture très facilement ! Prélevez une ramification sur votre yucca, puis enlevez les feuilles sur les 4-5 premiers centimètres. Sur la plante mère, je vous conseille d'utiliser un cicatrisant afin de refermer la plaie. Placez ensuite votre ramification dans de l'eau à température ambiante en prenant soin de laisser le feuillage en dehors de l'eau. Au bout de 2 mois environ, votre ramification aura des racines suffisamment grandes pour être repiquée dans un pot avec un substrat léger.

À L'AIDE ! PLANT MAN

Mon yucca perd ses feuilles !

C'est tout à fait normal que votre yucca perde ses feuilles à la base et se développe en hauteur avec l'apparition de nouvelles pousses. Cependant, si votre yucca perd beaucoup trop de feuilles, essayez de le déplacer dans une pièce lumineuse mais pas au contact direct du soleil et surtout... laissez le terreau sécher entre chaque arrosage !

Les feuilles jaunissent et brunissent de plus en plus...

C'est un problème d'arrosage assez fréquent chez le yucca. Laissez le terreau sécher totalement, puis reprenez les arrosages de façon plus fréquente en laissant toujours le terreau sécher en surface. Vérifiez que votre pot soit bien percé dans le fond et que l'eau s'évacue correctement entre chaque arrosage.

Le tronc devient mou à la base

Si le tronc de votre yucca commence à ramollir, c'est qu'il est malheureusement en train de pourrir. C'est souvent le cas si vous avez eu la main trop lourde sur l'arrosage. Laissez le terreau sécher totalement avant le prochain arrosage.

les bons plans de Pierre

Plante pour débutant

Le yucca est souvent dans la catégorie des plantes les plus faciles à entretenir, c'est donc a priori la plante idéale si on n'a pas la main verte. Et pourtant, même s'il peut résister aux oublis d'arrosage, il peut ne pas se plaire dans tous les intérieurs. Il lui faut absolument une pièce très lumineuse pour s'épanouir, au risque de dépérir petit à petit.

On soigne !

Si vous observez des cicatrices sur le tronc de votre yucca ou que votre petit chat a fait ses griffes dessus, pas de panique ! Utilisez de la poudre de cannelle pour favoriser la cicatrisation.

Les mygales

Savez-vous que, dans les années 1970-1980, les yuccas ont fait trembler l'ensemble des foyers français ? Et pour cause, une rumeur prétendait que des mygales pondaient des œufs dans le tronc des yuccas pour ensuite envahir nos intérieurs... Pas de panique, ce n'était qu'une rumeur qui a tout de même mis à mal les ventes de cette magnifique plante !

crassula ovata

Son origine
Afrique du Sud

Température
Au minimum 7 °C

Famille
Crassulacées

Pièce idéale
Salon

Variétés
Hobbit, Gollum, Minima

Pet friendly
Toxique

Floraison
De jolies fleurs blanches

Dimensions
Environ 80 cm de hauteur

Le *Crassula ovata*, appelé aussi « arbre de Jade », est une plante très simple d'entretien, très résistante et peu exigeante ! C'est une plante idéale pour les débutants qui n'ont pas la main trop lourde sur l'arrosage.

01 | Le choisir avant l'achat

Vérifiez l'aspect général de votre plante avant de l'acheter. Regardez si le pot contient bien un trou de drainage dans le fond pour évacuer l'excédent d'eau lors des arrosages. Observez ensuite si les feuilles ne sont pas trop en mauvais état, si elles ne sont pas trop molles ou ridées.

02 | Exposition ou lumière

Cette magnifique vivace se plaît dans une pièce lumineuse mais tolère aussi la mi-ombre. En été, vous pouvez sortir votre arbre de Jade en extérieur. Ne l'exposez jamais, en intérieur, derrière une fenêtre plein sud au risque de brûler son feuillage. Si vous observez que les tiges s'allongent, c'est-à-dire qu'elles s'étiolent, c'est que votre plante manque cruellement de lumière !

03 | Arrosage

Le substrat doit sécher totalement entre deux arrosages ! Le *Crassula ovata* préfère les longues périodes de sécheresse plutôt qu'un excès d'eau. Si vous avez un terreau bien drainant, vous pouvez aussi l'arroser régulièrement, mais en petite quantité en veillant à laisser le terreau sécher en surface sur 2-3 cm entre chaque arrosage. Ne laissez jamais d'eau stagner dans le fond du pot au risque de voir rapidement votre plante verte dépérir. En hiver, votre plante est au repos, on arrose en petite quantité une fois tous les mois.

04 | Entretien

Nettoyez votre *Crassula ovata* à l'aide d'un pinceau humide à poils souples pour éviter d'abîmer les feuilles mais surtout pour ne pas les faire tomber ! Afin de permettre à votre arbre de jade de garder une forme harmonieuse, n'hésitez pas à le tailler après sa floraison. Si votre plante ne fleurit pas, préférez une taille pendant sa phase de croissance, c'est-à-dire entre le printemps et l'été.

05 | Croissance

Afin de stimuler la croissance et la floraison de votre arbre de Jade, vous pouvez utiliser un engrais liquide que vous mélangerez avec de l'eau. Apportez de l'engrais uniquement au printemps, juste après l'avoir arrosé, sinon l'engrais risque de stagner en surface.

06 | Rempotage

Le rempotage dans un substrat bien drainant n'est nécessaire que tous les 2-3 ans afin d'apporter les nutriments nécessaires au bon développement de votre plante. Au moment du rempotage, utilisez un pot légèrement plus grand car le *Crassula* adore être à l'étroit. Juste après le rempotage, n'arrosez pas car le terreau est souvent suffisamment humide. Placez ensuite votre plante à l'abri des rayons du soleil pendant environ 2-3 semaines.

07 | Multiplier

Bien qu'il soit possible de bouturer un *Crassula ovata* avec une feuille, le plus simple reste le bouturage avec un rameau de 10 cm. Pour cela, récupérez une partie supérieure d'une tige de votre *Crassula*. Retirez ensuite les feuilles du bas puis laissez sécher votre bouture 24 heures. Une fois ce délai passé, placez votre bouture directement dans un substrat composé de 30 % de sable et de 70 % de terreau « semis et repiquage » afin qu'il soit bien drainant. Maintenez ensuite le terreau humide et placez votre pot dans une pièce lumineuse.

Les feuilles deviennent molles et tombantes

Si vous observez ce phénomène, c'est que vous avez oublié d'arroser votre plante verte ! Même si le *Crassula* peut facilement résister à un manque d'arrosage pendant plusieurs semaines, il a tout de même besoin d'eau. Reprenez l'arrosage et les feuilles vont retrouver leur aspect initial.

Les tiges sont tombantes et cassantes

Cette fois-ci, c'est l'exposition qui est en cause ! Votre arbre de Jade manque tout simplement de lumière ! Rapprochez-le d'une source de lumière au maximum afin de lui offrir suffisamment de luminosité. Évitez tout de même de le placer derrière une fenêtre orientée sud.

Des points blancs apparaissent sur mon *Crassula ovata* !

Si vous observez ce phénomène en automne, quand vous commencez à réduire l'arrosage et que les températures sont en train de chuter, c'est tout à fait normal. Votre *Crassula* transpire et dépose des minéraux sur son feuillage. Donc pas de panique ! Si vous voulez, vous pouvez tout de même les éliminer avec un chiffon humide.

les bons plans de Pierre

Comment faire fleurir un crassula ovata ?

La première chose à savoir est que seuls les *Crassulas* matures vont pouvoir vous donner des fleurs. Il faut donc s'armer de patience ! Pour maximiser vos chances de le voir en fleurs, je vous conseille de sortir votre *Crassula* en automne et en été quand les journées sont assez chaudes. Bien entendu, ne mettez pas directement votre crassula en plein soleil toute la journée, laissez-lui le temps de s'acclimater petit à petit. Une fois que les températures extérieures chutent (autour de 10 °C), vous pouvez rentrer votre *Crassula* dans votre intérieur mais encore une fois étape par étape : mettez-le dans une pièce fraîche avant de le mettre dans votre salon chauffé.

Bouturer son *Crassula* avec une feuille

Si vous faites tomber des feuilles de votre *Crassula ovata*, récupérez-les et placez-les dans une coupelle. Déposez ensuite cette coupelle dans une pièce humide (la salle de bains, par exemple) pendant plusieurs semaines. Au bout de 2-3 semaines, vos feuilles feront des racines, et il sera temps de les mettre dans de la sphaigne pour les aider à se développer.

orchidée phalaenopsis

Son origine
Philippines, Indonésie ou Malaisie

Famille
Orchidacées

Variété
Phalaenopsis

Dimensions
80 cm de hauteur environ

Température
Supérieure à 15 °C

Pièce idéale
Salon

Pet friendly
Non toxique

Floraison
L'orchidée peut fleurir tous les 6 mois si vous avez de la chance.

Le *Phalaenopsis*, la plante que tout le monde connaît, et pour cause, c'est la plante la plus vendue en France ! En même temps, comment ne pas craquer pour ses jolies fleurs ?

01 | Le choisir avant l'achat

Au moment d'acheter votre *Phalaenopsis*, regardez ses fleurs, ses racines et ses feuilles. Choisissez une orchidée avec des feuilles redressées et non tombantes. Privilégiez une orchidée avec la présence de bourgeons car, si elle est en fleur, vous ne savez pas depuis combien de temps, elle risque donc de perdre plus rapidement ses fleurs. Regardez les racines, et choisissez-en une avec des racines vertes. Et dans le meilleur des cas, prenez une orchidée avec plusieurs tiges.

02 | Exposition ou lumière

La place idéale pour une orchidée est dans une pièce très lumineuse, mais sans lumière directe. Je vous conseille de placer votre orchidée derrière une fenêtre orientée est ou ouest. Derrière une fenêtre orientée sud, votre plante risque de recevoir trop de lumière directe et cela va occasionner des brûlures sur le feuillage mais aussi une perte des fleurs plus rapide. Au nord, la lumière ne sera pas assez importante pour que votre orchidée s'épanouisse et pour qu'elle vous offre une magnifique floraison.

03 | Arrosage

Pour savoir s'il est temps d'arroser votre orchidée, regardez la couleur des racines. Si les racines sont vertes, vous pouvez attendre ; si elles sont grises, il est temps d'arroser votre orchidée. Si vous l'arrosez par le dessus, n'arrosez jamais entre les feuilles sinon elles vont pourrir. Je vous conseille plutôt d'arroser par baignade de 15 minutes puis de la laisser s'égoutter pendant environ 1 h avant de la remettre à sa place. Ne laissez jamais d'eau stagner au fond du pot : les racines vont devenir noires, puis pourrir.

04 | Entretien

Il y a plusieurs choses à faire avec votre orchidée. Afin de favoriser son développement grâce à la photosynthèse, il ne faut pas hésiter à nettoyer les feuilles tous les mois. Une fois que la tige de votre orchidée a terminé sa floraison, coupez-la à environ 1 cm au-dessus du 3e nœud en partant de la base. Même si les racines aériennes sont très utiles pour votre *Phalaenopsis*, car elles permettent d'absorber l'humidité ambiante, il ne faut pas hésiter à les tailler ! On taille seulement les racines noires et sèches.

05 | Croissance

Pendant sa période de croissance, votre *Phalaenopsis* n'aura pas les mêmes besoins en termes d'engrais que pendant sa période de floraison. Concrètement, pendant que votre orchidée développe son système racinaire ou fait apparaître de nouvelles feuilles, ses besoins sont différents que quand elle s'apprête à fleurir.

06 | Rempotage

Le meilleur moment pour rempoter votre orchidée est au printemps sauf si votre orchidée est en fleurs ! On réalise ce rempotage tous les 2-3 ans environ. Taillez les racines sèches et noires. Au moment de remettre votre orchidée en pot, utilisez un pot transparent et un substrat pour orchidées à base d'écorces de pin. On place ensuite son orchidée à son endroit habituel et on attend environ 10 jours avant de l'arroser !

07 | Multiplier

Vous observez des feuilles, voire des racines, en haut de la tige de votre *Phalaenopsis* ? C'est le développement d'un keiki ! Une fois que votre keiki a un système racinaire avec des racines d'au moins 5 cm de long, vous pouvez le séparer de la plante mère en le coupant à l'aide d'une paire de ciseaux de jardinage désinfectée juste en dessous des racines, c'est-à-dire sur l'ancienne tige. Une fois le keiki séparé, vous pouvez le mettre dans un pot transparent avec un substrat pour orchidées !

À L'AIDE ! PLANT MAN

Les feuilles de mon orchidée sont tombantes

Si vous observez que vos feuilles ne sont pas redressées vers le haut mais plutôt tombantes, c'est sûrement en lien avec l'air ambiant qui est trop sec. Déplacez votre orchidée de quelques mètres et surtout éloignez-la des différentes sources de chaleur.

Les bourgeons floraux tombent avant de s'ouvrir !

Si vous observez une chute des bourgeons, c'est certainement lié à un problème d'arrosage combiné à un manque de luminosité et une température ambiante trop fraîche. Ou peut-être avez-vous déplacé votre orchidée pendant sa période de bourgeonnement ?

Les feuilles de mon orchidée s'allongent, pourquoi ?

Si vous observez que les feuilles de votre orchidée *Phalaenopsis* s'allongent et que leurs couleurs commencent à changer pour devenir vert émeraude, voire vert très foncé, c'est que votre orchidée manque de lumière. Alors, n'hésitez pas à la changer de place !

les bons plans de Pierre

Retirez votre cache-pot

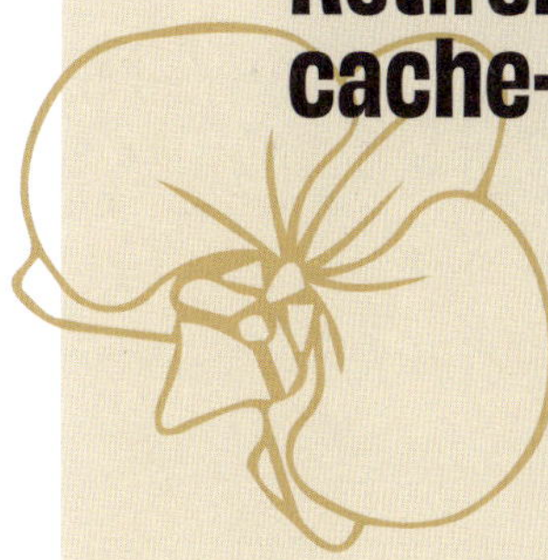

Retirez le cache-pot de votre orchidée afin de pouvoir vérifier la couleur des racines et savoir s'il est temps de l'arroser ! N'oubliez pas, les racines sont vertes, vous avez le temps. Les racines sont grises, il faut arroser…

Mettez de l'engrais

Afin de favoriser son développement, utilisez un engrais plus riche en azote dès le début du printemps à raison d'une fois tous les 15 jours. Une fois l'apparition de la hampe florale, utilisez un engrais riche en phosphore pour favoriser l'apparition des fleurs.

Orchidée aux fleurs bleues

Savez-vous que les orchidées *Phalaenopsis* peuvent avoir des fleurs bleues ? Malheureusement, ce n'est pas naturel ! On injecte du bleu de méthylène dans la tige afin de colorer les fleurs. Seul petit bémol à l'achat de cette « variété » : à la prochaine floraison, les fleurs seront blanches…

dieffenbachia

Son origine
Amérique centrale et du Sud, du Mexique et des Antilles jusqu'à l'Argentine

Famille
Aracées

Variété
Camilla, Camouflage, *seguine*, Carina, Mary, Tropic Snow

Dimensions
1 m de hauteur environ

Température
Supérieure à 15 °C

Pièce idéale
Bureau

Pet friendly
Très toxique

Floraison
La floraison peut avoir lieu toute l'année, mais reste assez discrète dans nos intérieurs.

Cette magnifique plante verte est aussi appelée « canne du muet » en raison de sa toxicité, puisqu'elle provoque un gonflement de bouche si vous consommez ses feuilles. Alors éloignez-la des animaux de compagnie et de vos jeunes enfants !

01 | Le choisir avant l'achat

Optez pour la variété qui vous plaît le plus ! Une fois ce choix fait, regardez le nombre de départs au niveau du pot, privilégiez un dieffenbachia avec le plus de départs possible afin d'avoir une plante bien fournie. Vérifiez que les feuilles soient en bon état et observez les tiges pour vous assurer de l'absence de parasites.

02 | Exposition ou lumière

Même si le dieffenbachia se plaît dans une pièce ombragée, il s'épanouira d'autant plus dans une pièce lumineuse. Plus il recevra de lumière, plus son feuillage sera magnifique et plus sa croissance sera rapide. Évitez tout de même la lumière directe sur son feuillage. L'emplacement idéal reste derrière une fenêtre orientée est ou ouest.

03 | Arrosage

Laissez le terreau sécher en surface sur 2 cm entre chaque arrosage ! Si vous oubliez de l'arroser, votre dieffenbachia vous le montrera grâce à ses feuilles qui s'affaisseront. C'est l'une des raisons pour lesquelles cette plante est assez simple à entretenir : quand elle a soif, elle vous le montre ! N'attendez tout de même pas trop entre chaque arrosage, sinon les feuilles vont jaunir. Pensez à retirer le surplus d'eau au fond du pot ou dans la coupelle.

04 | Entretien

Il y a plusieurs choses à faire pour votre dieffenbachia : tout d'abord, pensez à nettoyer ses feuilles afin de favoriser son développement grâce à la photosynthèse. Il ne faut pas hésiter à réitérer cette opération tous les mois. Profitez-en pour retirer les feuilles jaunes et abîmées et à pivoter le pot tous les mois d'un quart de tour car la plante a tendance à pousser et à se pencher en direction de la lumière.

05 | Croissance

Apportez-lui de l'engrais pendant sa période de croissance, c'est-à-dire au printemps et en été à raison d'une fois par mois. L'apport d'engrais va lui permettre de développer son système racinaire qui est souvent assez fragile quand on vient de l'acheter. Si le bord des feuilles commence à s'enrouler, c'est que vous avez apporté trop d'engrais, patientez donc avant le prochain apport.

06 | Rempotage

Si vous observez que les racines commencent à sortir du pot, c'est qu'il est grand temps de rempoter votre dieffenbachia. Mais on conseille souvent de le rempoter tous les 2 ans afin d'accélérer sa croissance en lui apportant un nouveau terreau riche en nutriments. Réalisez le rempotage au début du printemps dans un pot légèrement plus grand que l'ancien pour éviter qu'il ne consacre toute son énergie au développement des racines.

07 | Multiplier

Cette plante se bouture très facilement. Il vous suffit de couper avec une paire de ciseaux désinfectée juste en dessous d'un nœud, en prenant au moins 3 feuilles. Placez ensuite votre bouture dans de l'eau en laissant les feuilles à l'extérieur. Les racines devraient apparaître en quelques jours. Vous pouvez aussi placer votre bouture directement dans du terreau que vous garderez humide au début, c'est-à-dire pendant environ les 4-5 premières semaines.

À L'AIDE ! PLANT MAN

Ma plante ne grandit pas et fait de toutes petites feuilles

C'est que votre dieffenbachia manque de lumière ! Déplacez-le dans une pièce plus lumineuse en évitant les rayons directs du soleil. Attention à ne pas disposer votre plante derrière une fenêtre orientée sud au risque de voir son feuillage s'affaisser.

Des gouttes tombent des feuilles de mon dieffenbachia

Si vous observez que des gouttes de sève tombent sur votre parquet, c'est que vous arrosez trop votre plante verte ! C'est ce qu'on appelle la guttation. Votre plante se débarrasse de l'excès d'humidité. Laissez donc le terreau sécher et espacez vos arrosages.

Les feuilles de mon dieffenbachia s'affaissent...

Même si la cause principale d'un affaissement des feuilles est un manque d'arrosage, il y a souvent d'autres facteurs qui peuvent entrer en ligne de compte. Après avoir vérifié que votre plante d'intérieur ne manque pas d'eau et que l'eau ne stagne pas au fond du pot, vérifiez l'absence de parasites au niveau des feuilles et des tiges. Si vous n'observez rien de particulier, pensez à déplacer votre plante pour l'éloigner des différentes sources de chaleur, ainsi que du soleil direct, et faites attention aux courants d'air. Vous l'aurez compris, ce problème peut venir de plusieurs facteurs et peut même provoquer une perte des feuilles.

les bons plans de Pierre

Canne du muet

Cette superbe plante verte, avec son feuillage unique, est aussi connue sous le nom de « canne du muet » parce qu'elle est extrêmement toxique ! On donnait des morceaux de dieffenbachia aux esclaves dans les plantations de coton pour leur créer des œdèmes et les mettre dans l'incapacité de se parler entre eux.

fittonia

Son origine
Forêts tropicales et pluvieuses d'Amérique du Sud

Famille
Acanthacées

Variétés
Argyroneura, verschaffeltii

Dimensions
Environ 15 cm de hauteur

Température
Entre 16 et 26 °C

Pièce idéale
Salle de bains

Pet friendly
Non toxique

Floraison
Entre mai et août avec des petites fleurs blanches ou jaunes

Connu sous le nom de « plante nerveuse », on comprend vite que le fittonia doit ce surnom à son feuillage. C'est une belle petite plante verte qui adore l'humidité et, si elle en manque, elle n'hésitera pas à vous le montrer !

01 | Le choisir avant l'achat

Vérifiez l'ensemble des feuilles pour vous assurer de la bonne santé de votre plante verte. Si vous observez trop de feuilles abîmées, passez votre chemin ! Faites-vous plaisir, cette plante existe avec des feuilles de différentes couleurs.

02 | Exposition ou lumière

Votre fittonia ne doit jamais recevoir la lumière du soleil, elle en a horreur ! Vous pouvez la placer dans une pièce peu lumineuse ou l'éloigner des sources de lumière en la mettant sur une étagère. Pour éviter de voir son feuillage sécher, je vous conseille de la placer dans une pièce humide, par exemple une salle de bain.

03 | Arrosage

En période estivale, la motte de votre plante verte doit toujours être humide sans laisser pour autant d'eau stagner dans le fond du pot ou dans la coupelle. Si vous oubliez de l'arroser, votre fittonia vous le montrera avec ses tiges qui s'affaisseront. Une fois arrosée, les tiges se redresseront rapidement. Mais évitez de provoquer cet état trop souvent au risque de perdre votre magnifique plante nerveuse.

04 | Entretien

Pincez régulièrement les tiges pour garder une certaine harmonie car la plante a tendance à s'allonger. Cette taille va permettre de forcer la ramification. Profitez-en pour brumiser votre plante verte et nettoyer l'ensemble des feuilles. Utilisez de l'eau non calcaire pour éviter les traces sur son feuillage. Ce nettoyage favorisera la photosynthèse et donc son développement.

05 | Croissance

Pour aider votre fittonia à se développer, vous pouvez le booster avec un engrais très dilué dès le printemps à raison d'une fois par mois jusqu'à la fin de l'automne. N'hésitez pas à diviser par deux les doses recommandées, car si vous apportez trop d'engrais, les feuilles vont brunir.

06 | Rempotage

Dès que vous observez des racines sortir du pot ou que les racines forment un chignon, c'est qu'il est temps de rempoter votre plante ! Pour cela, sortez la motte du pot, griffez-la afin de retirer l'ancien terreau en veillant à ne pas abîmer les racines. Utilisez un pot légèrement plus grand que l'ancien que vous remplissez d'un terreau pour plantes vertes, placez votre plante au milieu et stabilisez-la en tassant le substrat. Arrosez-la et replacez-la à l'endroit où elle se trouvait. Le rempotage du fittonia se fait généralement tous les 3 ans.

07 | Multiplier

Pour multiplier un fittonia, le plus simple est de prélever au début du printemps une tige d'environ 10 cm avec des feuilles. Placez cette tige dans un substrat très léger que vous garderez humide. Afin d'accélérer le développement des racines, je vous conseille d'utiliser une mini-serre et de placer votre bouture à l'intérieur afin d'améliorer l'humidité ambiante. Vous pouvez, bien sûr, commencer la bouture dans l'eau.

À L'AIDE ! PLANT MAN

Les feuilles de mon fittonia sèchent

Si vous observez que le bord des feuilles commence à sécher ou que quelques feuilles sèchent totalement, c'est que votre plante verte est dans une atmosphère trop sèche. Déplacez-la dans une pièce plus humide comme la salle de bains, ou mettez votre plante verte sur une coupelle avec des billes d'argile humides dans le fond.

Les feuilles de mon fittonia s'affaissent !

Si vous observez que les feuilles de votre fittonia s'affaissent, c'est que vous avez oublié d'arroser votre plante verte et que le substrat est beaucoup trop sec ! Pas d'inquiétude, si vous venez d'observer ce problème, arrosez et brumisez votre fittonia. Les feuilles vont se redresser naturellement mais attention, si vous laissez votre plante dans cet état trop longtemps, elle risque de ne pas survivre !

Les feuilles de mon fittonia deviennent jaunes

C'est un signe d'excès d'arrosage, d'un problème de drainage ou d'eau stagnante ! Vérifiez que le pot de votre fittonia soit bien percé afin d'évacuer l'excès d'eau. N'oubliez pas, après chaque arrosage, de retirer l'excès d'eau dans la coupelle. Espacez un peu plus vos arrosages sans laisser pour autant les feuilles s'affaisser. Si le problème persiste, il faudra sûrement rempoter votre fittonia dans un substrat plus adapté.

les bons plans de Pierre

Plante pour terrarium

Le fittonia est une magnifique plante verte que l'on retrouve souvent dans les terrariums car elle adore l'humidité ambiante. C'est un très bon indicateur d'arrosage car ses feuilles tombent quand il manque d'eau !

Horreur des courants d'air !

Si votre plante nerveuse commence à perdre ses feuilles, c'est sûrement que vous l'avez placée dans un courant d'air ou dans une pièce trop fraîche. Déplacez votre plante et surtout éloignez-la des portes ou des fenêtres que vous allez ouvrir. Elle déteste prendre l'air ou avoir froid !

Multiplier par marcottage

Voici comment faire : rempotez votre fittonia au printemps dans un pot assez large, puis obligez les jeunes pousses à toucher le substrat de surface pour forcer l'enracinement. Une fois que vous observez 4 à 5 feuilles à l'endroit du marcottage, regardez s'il y a des racines. Si c'est le cas, vous pouvez couper la tige inclinée 1 cm avant l'apparition des racines pour repiquer votre nouveau plant dans un pot individuel.

beaucarnéa

Son origine
Sud des États-Unis et Amérique du Sud

Famille
Asparagacées

Variété
Recurvata

Dimensions
Entre 30 et 100 cm

Température
Supérieure à 5 °C

Pièce idéale
Salon, chambre

Pet friendly
Non toxique

Floraison
Elle a lieu de juillet à août, mais elle est très rare en intérieur.

Le beaucarnéa est appelé aussi « pied d'éléphant ». Quand on regarde son tronc, on comprend vite pourquoi ! L'une des plantes préférées des chats, car ils aiment faire leurs griffes sur son magnifique tronc.

01 | Le choisir avant l'achat

Au moment de choisir votre beaucarnéa, regardez si le tronc ne bouge pas du substrat en le faisant remuer délicatement de gauche à droite dans son pot. Si c'est le cas, c'est qu'il vient d'être rempoté. Je vous conseille donc de prendre un autre beaucarnéa avec un système racinaire plus développé. Regardez aussi le nombre de départs en haut du tronc, choisissez-en un avec un maximum de départs !

02 | Exposition ou lumière

Cette plante tropicale est l'une des rares plantes à pouvoir recevoir de la lumière directe. Pour une fois, vous pouvez donc la placer derrière n'importe quelle fenêtre sans craindre de voir son feuillage brûler. Au contraire, plus votre beaucarnéa recevra de lumière, plus il s'épanouira. Vous pouvez aussi placer votre pied d'éléphant dans une pièce moins lumineuse ou éloigné d'une fenêtre. Néanmoins, si vous le déplacez, éloignez-le de la lumière vive petit à petit pour qu'il puisse s'adapter à son nouvel environnement.

03 | Arrosage

Le pire ennemi de cette plante verte, c'est l'excès d'arrosage ! Laissez le terreau sécher complètement entre chaque arrosage. Le meilleur moyen pour arroser cette plante verte est de la bassiner pour ne pas arroser le tronc. Le beaucarnéa stocke de l'eau dans son tronc et un peu dans ses racines. N'oubliez pas de retirer l'excès d'eau dans le fond du pot ou dans la coupelle pour éviter le pourrissement des racines.

04 | Entretien

Il est important de nettoyer l'ensemble des feuilles afin de favoriser la photosynthèse et ainsi le développement de votre plante verte. Bien entendu, il est assez compliqué de réaliser un nettoyage à la main avec un coton, je vous conseille donc de doucher délicatement votre pied d'éléphant à raison de 2 à 3 fois par an. Pendant cette opération, protégez le tronc ainsi que le pot avec un sac plastique pour ne doucher que les feuilles.

05 | Croissance

Le beaucarnéa a une croissance très (très !) lente, vous risquez de ne voir que très peu d'évolution d'année en année, sauf si vous le placez dans une pièce très lumineuse. N'hésitez donc pas à lui apporter de l'engrais pendant sa période de croissance, c'est-à-dire au printemps et en été, à raison d'une fois par mois.

06 | Rempotage

Le beaucarnéa ne nécessite pas d'être rempoté dès que vous venez de l'acheter : vous risquez de le stresser. Patientez au minimum un an avant de le rempoter pour la première fois. Ensuite, vous pouvez reproduire l'opération tous les 2 ou 3 ans dans un pot légèrement plus grand afin de lui permettre de développer son système racinaire. Si vous observez que toutes les feuilles commencent à perdre de leur couleur, c'est qu'il est temps de rempoter votre plante verte.

07 | Multiplier

C'est une plante très difficile à multiplier, mais il arrive parfois qu'une nouvelle pousse apparaisse à la base. Attendez que cette nouvelle pousse fasse environ 2 cm d'épaisseur avant de la séparer de la plante mère. Récupérez-la délicatement sans casser les racines et mettez-la dans un substrat bien drainant.

À L'AIDE ! PLANT MAN

Les pointes des feuilles deviennent marron !

C'est assez fréquent avec le beaucarnéa surtout dans nos intérieurs, car l'air est souvent bien trop sec. Vous pouvez couper les feuilles afin de les raccourcir et de retirer cette partie sèche. Ajoutez une coupelle avec des billes d'argile en dessous du pot de votre pied d'éléphant afin d'améliorer l'humidité ambiante. Pensez aussi à l'éloigner des sources de chaleur (radiateurs, cheminées ou poêles), surtout en hiver !

Des feuilles deviennent marron à la base du tronc

Vous attendez trop entre chaque arrosage ! Même s'il faut laisser le terreau sécher complètement entre chaque arrosage, le beaucarnéa a besoin d'eau pour se développer.

Les feuilles s'affaissent et pendent...

Ce problème est assez fréquent et il est souvent couplé à quelques feuilles marron, voire sèches. C'est un problème lié à l'arrosage qui n'est pas assez fréquent. Intensifiez le rythme entre chaque arrosage afin d'éviter ce problème.

Les feuilles jaunissent

Contrairement au problème des feuilles sèches, il s'agit d'un problème d'excès d'arrosage ! Pensez à espacer vos arrosages et à bien laisser le terreau sécher totalement avant le prochain bassinage. Vérifiez que l'eau ne stagne pas dans le fond du pot ou dans la coupelle.

les bons plans de Pierre

Les feuilles sont tranchantes !

Attention ! Quand vous manipulez votre beaucarnéa ou si vous avez des enfants, les feuilles sont tranchantes et provoquent des micro-coupures comme celles d'une feuille de papier.

Semis de pieds d'éléphant

Vous trouverez sur Internet, ou dans certaines jardineries, des graines de beaucarnea que vous pouvez faire germer chez vous. Pour cela, baignez vos graines 24 heures avant de les semer dans l'eau à température ambiante. Utilisez ensuite une mini-serre pour réaliser un semis au chaud. Choisissez un terreau léger comme du terreau universel mélangé à 50 % de sable. Réalisez un sillon d'environ 1 cm de profondeur, semez puis refermez le sillon. Placez ensuite votre mini-serre dans une pièce lumineuse et chauffée (20 °C minimum). Pensez à ouvrir le couvercle de votre mini-serre 5 minutes par jour pour éviter tout risque de pourrissement.

Attaque féline

En plus d'être non toxique pour les animaux de compagnie, le beaucarnéa est très résistant aux attaques de chats ! Je pense bien évidemment aux coups de griffes que peuvent faire les chats sur son magnifique tronc. Bien qu'il soit très robuste, protégez votre plante de votre petite boule de poils !

aloe vera

Son origine
Afrique et certaines îles de l'océan Indien

Famille
Liliacées

Variétés
Aloe vera est déjà une variété !

Dimensions
50 cm de hauteur

Température
Supérieur à -3° C

Pièce idéale
Salon

Pet friendly
Non toxique

Floraison
La floraison en intérieur est assez rare, mais peut arriver en fin d'hiver.

Bien connu pour son gel, l'*Aloe vera* est souvent cultivé en extérieur dans les régions chaudes, mais il peut aussi s'épanouir en intérieur ! Son pire ennemi ? L'excès d'arrosage...

01 | Le choisir avant l'achat

Vérifiez que les feuilles soient bien accrochées au centre de la tige et aussi qu'elles ne soient pas trop molles. Si c'est le cas, cela montre que l'*Aloe vera* a reçu trop d'eau. Si vous observez des taches noires à la base des feuilles, passez votre chemin.

02 | Exposition ou lumière

Qu'il soit cultivé en intérieur ou en extérieur, l'*Aloe vera* a besoin de soleil et surtout de chaleur, c'est pour cette raison que cette plante se plaît dans nos intérieurs. Il doit être placé dans une pièce très lumineuse, mais à l'abri des rayons directs du soleil, surtout au début. Mettez votre *Aloe vera* dans une pièce avec une humidité faible, près d'une fenêtre orientée est ou ouest. Dès que les beaux jours arrivent, vous pouvez sortir petit à petit votre *Aloe vera* pour qu'il puisse profiter du soleil.

03 | Arrosage

Le substrat doit sécher complètement entre deux arrosages ! L'*Aloe vera* préfère les longues périodes de sécheresse plutôt qu'un excès d'eau. Si vous avez un terreau bien drainant, vous pouvez aussi l'arroser régulièrement mais en petite quantité en faisant attention à laisser le terreau sécher en surface sur 2-3 cm entre chaque arrosage. Ne laissez jamais d'eau stagner dans le fond du pot au risque de voir rapidement votre plante verte décliner. En hiver, votre plante est au repos, on arrose en petite quantité, une fois tous les 20 jours.

04 | Entretien

Ne brumisez surtout pas votre *Aloe vera*, il a horreur de l'humidité ambiante. C'est pour cette raison qu'on évite de le placer dans une salle de bains, par exemple.

05 | Croissance

L'*Aloe vera* n'a pas spécialement besoin d'apport d'engrais pour grandir mai, si vous voulez soutenir sa croissance et le développement de son système racinaire, vous pouvez lui apporter de l'engrais d'avril à septembre. Utilisez un engrais spécial cactus et plantes grasses que vous utiliserez à raison d'une à deux fois par mois.

06 | Rempotage

Le rempotage dans un substrat bien drainant n'est nécessaire que tous les 3-4 ans afin d'apporter les nutriments nécessaires au bon développement de votre *Aloe vera*. Au moment du rempotage, utilisez un pot légèrement plus grand, retirez un maximum de terreau autour des racines. Juste après le rempotage, n'arrosez pas votre plante, le terreau est souvent suffisamment humide. Patientez 2 à 3 semaines avant de l'arroser.

07 | Multiplier

Pour multiplier votre plante, privilégiez la séparation d'un rejet. Pour cela, regardez au niveau des racines et repérez des parties avec des tiges indépendantes avec plusieurs feuilles, dans l'idéal entre 3 et 5 feuilles. Ce petit aloe est une nouvelle pousse qui cherche à se développer à côté de la plante mère. Récupérez-le délicatement et mettez-le dans un pot individuel.

À L'AIDE ! PLANT MAN

Les feuilles de mon Aloe vera jaunissent !

Votre plante ne reçoit pas suffisamment de lumière, ou vous l'avez trop arrosée ! Dans le premier cas, déplacez légèrement votre plante verte pour qu'elle puisse profiter de la lumière du soleil et dans le second cas, arrosez votre *Aloe vera* avec parcimonie, c'est-à-dire quand le terreau sèche complètement en surface.

Les feuilles sont creusées, courbées sur les bords

C'est que vous n'arrosez pas régulièrement votre *Aloe vera* ! Quand les feuilles commencent légèrement à se courber, c'est qu'il est plus que temps d'arroser votre plante verte.

Feuilles molles, flétries et la plante est tombante

C'est une question d'arrosage : un manque ou au contraire un excès. Pour vous en assurer, sortez la motte du pot : si le terreau est totalement sec, c'est un manque d'arrosage ! Si le terreau est très humide avec un début de pourrissement, c'est que vous avez trop arrosé votre *Aloe vera* ou que le substrat n'est pas assez drainant. Rempotez la plante au plus vite !

Les feuilles sont vert foncé

C'est tout à fait normal si les feuilles de votre *Aloe vera* deviennent plus foncées, surtout si vous mettez votre plante verte dehors en été. Le vert risque de foncer au contact du soleil, c'est un moyen de protéger son feuillage.

les bons plans de Pierre

Privilégiez un pot en terre cuite

Pour l'*Aloe vera*, je vous conseille de choisir un pot en terre cuite plutôt qu'un pot en plastique. La raison est simple : l'*Aloe vera* a besoin d'être arrosé quand le terreau est sec à tous les niveaux. Avec un pot en terre cuite, si le substrat est sec en surface, sur les 2-3 premiers centimètres, c'est qu'il est sec sur la totalité.

Hormone de bouturage

Savez-vous que le gel des feuilles d'Aloe vera est idéal pour réaliser des boutures ? Un peu comme une hormone de bouturage ! Si vous devez couper une feuille de votre *Aloe vera*, profitez-en pour récupérer son gel. Juste après avoir coupé une tige d'une autre de vos plantes pour la multiplier, trempez l'extrémité coupée dans ce gel avant de la mettre dans un substrat léger.

ficus bonsaï

Son origine
Asie tropicale (Inde, Sri Lanka)

Famille
Moracées

Variétés
Ginseng, *benjamina*, *retusa*, *platypoda*

Dimensions
50 cm environ

Température
Entre 15 et 25 °C

Pièce idéale
Derrière une fenêtre

Pet friendly
Toxique

Appelé aussi « ficus bonsaï », le ficus ginseng est le bonsaï pour débutant par excellence ! Il demande peu d'entretien et permet d'avoir un arbre miniature dans son intérieur.

01 | Le choisir avant l'achat

Regardez si le pied est bien enraciné au niveau du terreau, si le pot est adapté à la forme que vous souhaitez lui donner. Mais surtout, regardez les cicatrices qui sont souvent trop nombreuses et provoquent des formes disgracieuses. Je conseille souvent de rempoter juste après l'achat le ficus bonsaï, car le substrat est rarement adapté.

02 | Exposition ou lumière

Le ficus bonsaï demande énormément de lumière pour s'épanouir mais, comme pour beaucoup de plantes, on évite les rayons directs du soleil si vous le cultivez en intérieur. La température doit être relativement constante, c'est pour cette raison qu'il est difficile de le cultiver en intérieur et de vouloir le sortir occasionnellement. Même s'il préfère les pièces humides pour développer ses racines aériennes, vous pouvez le placer dans une pièce moins humide. Attention, il est sensible aux courants d'air !

03 | Arrosage

Arrosez votre ficus bonsaï quand le terreau sèche en surface. Si vous le mettez en extérieur, vous devez l'arroser plus souvent, surtout en été. Évitez de laisser de l'eau stagner dans le fond du pot ou dans la coupelle au risque de perdre votre bonsaï. Afin d'améliorer l'humidité ambiante, vous pouvez placer le pot de votre plante dans une coupelle remplie de billes d'argile gorgées d'eau. Faites attention que le pot ne soit pas au contact de l'eau mais bien au contact des billes.

04 | Entretien

L'un des gestes les plus importants à faire sur le bonsaï, c'est la taille ! L'objectif est d'empêcher le ficus de prendre de l'ampleur et de grandir. Il faut donc le tailler pour lui donner la forme que l'on souhaite. Coupez les plus grandes feuilles tout au long de l'année et pincez les jeunes pousses. Une fois cette taille réalisée, brumisez votre bonsaï avec de l'eau non calcaire pour éviter les traces sur le feuillage.

05 | Croissance

Le ficus bonsaï est dans un pot assez petit, ce qui implique une quantité de terreau assez faible. Il est donc important d'utiliser un engrais naturel afin de stimuler sa croissance à raison d'une fois tous les 15 jours. Au printemps, privilégiez l'utilisation d'un engrais riche en azote. En été, utilisez un engrais équilibré pour avoir des feuilles harmonieuses. En hiver, il est conseillé de laisser la plante au repos et d'arrêter les apports d'engrais.

06 | Rempotage

Afin d'apporter de nouveaux nutriments à votre bonsaï pour favoriser sa croissance, vous devez rempoter votre bonsaï tous les 2 ou 3 ans en utilisant un substrat pour bonsaï. Au printemps, choisissez un pot plus grand de 2 à 3 cm par rapport à l'ancien. Au moment du rempotage, faites attention aux racines, puis arrosez votre bonsaï une fois l'opération terminée. Attendez au moins un mois après le rempotage avant d'utiliser un fertilisant.

07 | Multiplier

Créer un bonsaï à partir d'une bouture est extrêmement long. De plus, ne pensez pas tailler votre nouveau bonsaï avant quelques années.

À L'AIDE ! PLANT MAN

Les feuilles flétrissent et jaunissent !

Vous avez sûrement oublié de l'arroser. Mais avant de vous précipiter sur votre arrosoir, si vous observez de nouvelles pousses, c'est-à-dire l'apparition de nouvelles feuilles, il est tout à fait normal que d'anciennes feuilles jaunissent.

Les feuilles noircissent et tombent...

Vous avez sûrement trop arrosé votre plante ! Dans un premier temps, assurez-vous que votre ficus bonsaï soit suffisamment exposé à la lumière naturelle. Puis vérifiez que l'eau ne stagne pas dans le fond du pot. Enfin, laissez le terreau sécher totalement avant le prochain arrosage !

Les feuilles s'agrandissent !

Vous avez apporté un engrais trop riche en azote ou votre apport d'engrais est trop important ! Attendez plusieurs semaines avant d'utiliser de nouveau un engrais.

les bons plans de Pierre

Vous observez des traces blanches sur le tronc ?

Si vous observez des traces blanches à la base du tronc de votre ficus ginseng, c'est en lien avec l'eau utilisée pour l'arrosage ! Vous arrosez sûrement avec l'eau du robinet qui est trop calcaire. Cela provoque un dépôt sur le bas du tronc que vous pouvez éliminer en frottant légèrement avec une brosse à dents.

Je viens d'acheter ou de déplacer mon ficus bonsaï, et il perd quelques feuilles...

Son feuillage risque de jaunir et de tomber pendant environ 2 à 3 semaines. Soyez patient. Mais attention, si le problème persiste, c'est sûrement lié à un emplacement inadapté.

oxalis pourpre

Son origine
Amérique du Sud

Température
Autour des 18 °C

Famille
Oxalidacées

Pièce idéale
Chambre

Variété
Oxalis pourpre

Pet friendly
Toxique

Dimensions
Jusqu'à 50 cm

Floraison
De mai à juillet, si la luminosité est suffisante

L'oxalis pourpre, connue aussi sous le nom de « faux trèfle », est une magnifique plante au feuillage violet ! Ce n'est pas une plante verte, et c'est pour cette raison qu'elle est très appréciée, car elle apportera une touche de couleur à votre intérieur.

01 | La choisir avant l'achat

Regardez le nombre de départs au niveau du substrat. Privilégiez une oxalis avec un maximum de départs afin d'avoir une plante bien fournie. De plus, c'est souvent signe d'un nombre de bulbes plus important. Vérifiez ensuite l'état général en regardant les feuilles et surtout en vous assurant que les tiges ne se sont pas étiolées.

02 | Exposition ou lumière

L'oxalis s'épanouit dans une pièce lumineuse. Plus elle recevra de lumière, plus sa floraison sera importante et plus sa croissance sera rapide. Gardez-la dans une lumière indirecte, derrière un voilage léger par exemple, surtout si votre fenêtre est orientée sud.

03 | Arrosage

En période estivale, la motte de votre plante doit toujours rester humide sans laisser pour autant d'eau stagner dans le fond du pot ou dans la coupelle. En hiver, laissez le terreau sécher en surface entre chaque arrosage. Privilégiez l'utilisation d'une poire d'arrosage pour éviter d'arroser son feuillage ou bassinez le pot en veillant à ne pas laisser les feuilles au contact de l'eau.

04 | Entretien

En plus de nettoyer ses feuilles régulièrement pour favoriser la photosynthèse, pensez à couper les tiges fanées au début du printemps. Faites pivoter votre plante verte d'un quart de de tour tous les mois afin qu'elle conserve une forme harmonieuse. Pour favoriser sa floraison, je vous conseille de laisser votre plante se reposer en hiver. Pour cela, début décembre, arrêtez les arrosages pour que le terreau sèche totalement, puis coupez l'ensemble des tiges. Une fois le terreau bien sec, stockez votre pot à l'abri de la lumière et loin des sources de chaleur ! Dès début mars, vous pouvez replacer votre pot dans une pièce lumineuse et reprendre les arrosages. Il est aussi possible de réaliser un rempotage et de multiplier l'oxalis par division des bulbes.

05 | Croissance

Même si l'oxalis a une croissance rapide et demande peu d'entretien, vous pouvez utiliser un engrais de mars à septembre, à raison d'une fois par mois, pour booster sa croissance et avoir de nouvelles feuilles.

06 | Rempotage

Début mars, rempotez votre oxalis afin de lui offrir un terreau plus riche et plus léger pour favoriser son développement. Cette opération n'est pas obligatoire tous les ans, vous pouvez réaliser cette opération tous les 2 ans. Entre les deux, apportez de l'engrais afin de booster sa croissance.

07 | Multiplier

La méthode la plus simple pour multiplier une oxalis est de diviser les bulbes au moment du rempotage. Quand vous allez sortir la motte de son pot, récupérez les bulbes et divisez-les délicatement. Cette opération se réalise début mars, juste après la phase de dormance.

À L'AIDE ! PLANT MAN

Les feuilles de mon oxalis se referment !

Si vous observez que les feuilles de votre oxalis se referment, c'est tout à fait normal surtout si vous remarquez ce phénomène en fin de journée. Les feuilles se referment quand l'intensité lumineuse commence à faiblir, mais elles vont se rouvrir le lendemain, au lever du soleil. Si les feuilles se referment en pleine journée, votre plante ne reçoit pas suffisamment de lumière. Vous pouvez donc lui trouver un emplacement plus lumineux.

Ma plante vient de mourir, je vais tout jeter...

Surtout pas ! Même si vous avez malmené votre oxalis et que l'ensemble des tiges ont fané, votre oxalis n'est pas morte pour autant. Elle est juste en dormance ! Si vous vous en occupez de nouveau correctement, les bulbes vont germer de nouveau et votre plante va repousser.

Des taches jaune-orange apparaissent sur son feuillage !

Il s'agit sûrement de la rouille. Cette maladie, causée par le développement d'un champignon, apparaît en cas de chaleur et d'humidité. Pour reconnaître la rouille, vous observerez des taches orangées poudreuses sur les feuilles. Même si cette maladie n'est pas néfaste pour votre oxalis, elle ne permet pas de profiter de son magnifique feuillage. Je vous conseille donc de tailler les feuilles touchées et d'utiliser ensuite un fongicide pour traiter votre plante.

les bons plans de Pierre

Oxalis pourpre

Même si l'oxalis pourpre est l'une des plantes les plus visibles sur les réseaux sociaux, il existe pourtant d'autres variétés tout aussi magnifiques ! Par exemple, l'oxalis triangularis Fanny qui possède un feuillage vert avec de magnifiques fleurs roses ou encore l'oxalis Iron Cross qui a la particularité d'avoir sur le centre de ses feuilles une couleur pourpre.

Pot en suspension

L'oxalis se cultive très bien dans un pot en suspension ! Son magnifique feuillage sera d'autant plus mis en valeur en hauteur que sur le rebord d'une fenêtre. De plus, si vous cohabitez avec un animal, cela vous permettra de la mettre hors de sa portée.

Achetez des bulbes

Plutôt que d'acheter une plante en fleurs, achetez des bulbes en jardinerie ou sur Internet afin de les planter vous-même ! Cela vous permettra de quantifier le nombre de bulbes dans votre pot, de choisir le bon substrat mais aussi d'économiser de l'argent, car les bulbes sont souvent moins onéreux que les plantes.

Les surprenantes

Vous cherchez à surprendre vos invités ? Cette rubrique est faite pour vous, je vais vous présenter quelques plantes qui vont éblouir votre intérieur et épater vos convives. Bien entendu, il existe de nombreuses autres plantes atypiques, mais mon choix se porte sur celles qui restent accessibles et que l'on peut trouver assez facilement.

mimosa pudica

Son origine
Zones tropicales d'Amérique du Sud

Famille
Fabacées

Dimensions
Entre 30 et 80 cm de hauteur

Température
Supérieure à 15 °C

Pièce idéale
Salon, cuisine

Pet friendly
Toxique

Floraison
Des fleurs roses ou blanches dès le début du printemps

Connaissez-vous la plante sensitive ? Oui, la plante avec les feuilles qui bougent quand on la touche. C'est bien elle, le *Mimosa pudica*. Les enfants l'adorent mais attention à ne pas trop l'affaiblir à force de le toucher.

01 | Le choisir avant l'achat

On trouve facilement cette plante verte, en jardinerie, en automne. Achetez une plante avec une motte bien humide et avec des feuilles ouvertes au maximum. Vous pouvez aussi trouver des graines pour faire vos propres semis.

02 | Exposition ou lumière

Même si votre plante sensitive peut s'adapter à une place légèrement ombragée, elle préférera la lumière indirecte, au risque de voir son feuillage brûler. Plus vous la placerez dans une pièce lumineuse, plus vous aurez de chances de la voir fleurir !

03 | Arrosage

Le terreau doit toujours être légèrement humide, mais pas saturé ! En général, on privilégie un à deux arrosages par semaine au printemps et en été. En hiver, on peut laisser le terreau sécher en surface entre chaque arrosage. Si le terreau sèche et que votre plante manque d'eau, les feuilles vont jaunir et tomber.

04 | Entretien

Sortez votre plante verte à l'extérieur en été, et remettez-la au chaud dès que les températures descendent en dessous de 15 °C. Vous pouvez réaliser une taille début avril. Pour cela, coupez les tiges les plus longues juste au-dessus d'un nœud.

05 | Croissance

Même si cette plante ne demande que peu d'entretien, n'hésitez pas à utiliser un engrais de mars à septembre, à raison d'une fois par mois afin de booster sa croissance, d'avoir de nouvelles feuilles et de l'aider à fleurir !

06 | Rempotage

On rempote tous les 2 ans environ, mais votre *Mimosa pudica* vous le montrera en faisant sortir ses racines du pot. Utilisez un pot légèrement plus grand afin de permettre à votre plante de continuer à se développer.

07 | Multiplier

Pour multiplier cette plante verte, le plus simple reste le semis ! Après la floraison, la plante produit des excroissances qui contiennent les graines. Une fois les graines récupérées et bien sèches, vous pouvez les semer dans du terreau pour semis en barquette.

Après l'apparition des 4-5 premières feuilles, repiquez vos plants dans des godets individuels et si possible dans de la terre de bruyère. Pensez ensuite à bien garder votre terreau toujours humide.

À L'AIDE ! PLANT MAN

Ma plante est envahie par les araignées rouges !

C'est l'un des parasites les plus redoutables pour cette plante d'intérieur ! Pensez à brumiser votre plante de temps en temps pour repousser les araignées rouges.

kokedama

Son origine
Art végétal originaire du Japon

Dimensions
Entre 20 et 80 cm de hauteur

Plantes
Pothos, fittonia, fougère de Boston, dieffenbachia

Le kokedama n'est pas une plante, mais plutôt une technique utilisée pour faire pousser une plante verte à partir d'une boule de mousse végétale. Le choix de la plante impactera donc l'entretien et l'emplacement de votre kokedama.

01 | Le choisir avant l'achat

Je vous conseille d'acheter votre premier kokedama au printemps ou pendant l'été. Ce sont les deux périodes de l'année où les plantes ont plus de chances de réussir à s'acclimater aux conditions de votre intérieur.

02 | Exposition ou lumière

Si vous optez pour un kokedama avec une succulente, il faudra le placer dans une pièce lumineuse, contrairement au kokedama orné de pothos que vous pourrez placer dans une pièce plus sombre. La place de votre kokedama se fera donc en fonction de la plante mais quoi-qu'il arrive, protégez-le des rayons directs du soleil, des sources de chaleur et des courants d'air !

03 | Arrosage

Pour l'arrosage, même si on lit souvent de le baigner dans l'eau, je vous conseille plutôt d'utiliser un arrosoir afin d'avoir un arrosage plus doux et surtout pour préserver votre kokedama. La baignade a tendance à déliter le substrat et la mousse disparaît petit à petit. Pour savoir quand il faut arroser votre kokedama, soit vous regardez la mousse tout autour, soit vous soupesez la boule. Si vous observez que la mousse commence à sécher, c'est qu'il est temps d'arroser, sinon vous pouvez attendre. De même, si votre kokedama vous paraît lourd, c'est qu'il est encore gorgé d'eau. En revanche, si vous avez l'impression qu'il est plus léger, c'est le moment de lui faire prendre un petit bain.

04 | Entretien

L'une des tâches les plus importantes pour entretenir votre kokedama reste l'arrosage, mais il sera important de réaliser une taille des feuilles abîmées ou sèches afin d'éviter de fatiguer votre plante verte pour rien. Profitez de l'arrosage pour vaporiser votre kokedama et garder une mousse bien verte !

À L'AIDE ! PLANT MAN

J'ai oublié d'arroser mon kokedama, que faire ?

Si vous avez oublié d'arroser votre kokedama pendant plusieurs semaines, baignez la boule de votre kokedama aux ⅔ pendant environ 15 minutes dans de l'eau à température ambiante, et si possible de l'eau de pluie ou de l'eau filtrée.

Évitez l'eau du robinet

L'eau du robinet est souvent trop calcaire et, si vous l'utilisez pour arroser votre kokedama, vous risquez d'endommager la mousse présente dans la boule. Je vous conseille d'utiliser plutôt de l'eau de pluie ou de filtrer l'eau du robinet.

stephania erecta

Son origine
Régions tropicales et subtropicales d'Afrique et d'Asie

Famille
Ménispermacées

Variétés
Plusieurs variétés de caudex

Dimensions
Tige de 40 à 50 cm de hauteur

Température
Entre 10 et 20°C

Pièce idéale
Cuisine

Pet friendly
Toxique

Floraison
Sa floraison est quasiment inexistante en pot.

Vous aimez les feuilles de capucines ? Vous cherchez une plante surprenante dans un style totalement différent des autres ? Ne cherchez plus, la *Stephania erecta* est la plante qu'il vous faut !

01 | La choisir avant l'achat

Idéalement, le mieux est d'acheter votre caudex au printemps pour pouvoir le faire germer directement. Même si on peut recréer les conditions en hiver, c'est assez fastidieux sans lumière artificielle.

02 | Exposition ou lumière

L'emplacement idéal pour ce caudex est dans une pièce lumineuse, sans lumière directe sur le feuillage, et si possible sans lumière sur le caudex. Si les tiges manquent de lumière, elles vont s'étioler. Vous aurez alors une longue tige avec quelques feuilles espacées. Si les tiges reçoivent suffisamment de lumière, les feuilles seront plus rapprochées.

03 | Arrosage

Laissez le terreau sécher totalement entre chaque arrosage. Dès que votre *Stephania erecta* commence à perdre ses feuilles, c'est qu'il est temps de diminuer l'arrosage jusqu'à ne plus du tout l'arroser pendant plusieurs mois.

04 | Entretien

La *Stephania erecta* aime l'humidité, vous pouvez brumiser de temps en temps votre caudex. Évitez d'avoir la main lourde, sinon votre caudex risque de pourrir. Profitez-en pour brumiser les feuilles et les nettoyer en même temps.

05 | Croissance

Leur phase de croissance a lieu en été et c'est pour cette raison que vous trouvez des caudex en vente en jardinerie à cette période.

06 | Rempotage

Le rempotage de la *Stephania erecta* se fait surtout pour renouveler son terreau et donc ses nutriments. Réalisez cette opération tous les 3 ans au début du printemps, c'est-à-dire juste après sa période de dormance.

07 | Multiplier

La multiplication du caudex se réalise par semis. Comme au potager, vous pouvez baigner vos graines pendant 24 heures puis les semer dans un terreau léger. Utilisez une barquette que vous placerez dans une pièce lumineuse autour de 20 °C. Soyez patient, la levée des graines peut prendre jusqu'à 6 mois. Dès que vos plants ont plus de deux feuilles, vous pouvez les repiquer dans des godets individuels.

À L'AIDE ! PLANT MAN

Ma *Stephania erecta* perd toutes ses feuilles

Pas d'inquiétude, c'est tout à fait normal. Son caudex se prépare à entrer en dormance. Cela arrive en automne quand les températures sont plus fraîches et que la lumière est moins importante. Profitez-en pour diminuer les arrosages en attendant le printemps prochain.

Mon caudex ne pousse pas !

Vérifiez le sens, sur le haut de votre tubercule. Vous devriez observer un cercle sec, il s'agit de l'œil du caudex par lequel va pousser sa future tige ! Si vous avez un caudex avec d'anciennes racines sèches, c'est aussi une façon assez simple de différencier le haut du bas de votre caudex. Si le sens est bon, soyez patient, cela peut prendre plusieurs semaines !

tillandsia

Son origine
Amérique centrale et du Sud

Famille
Broméliacées

Variété
Stricta, ionantha, cyanea, usneoides, xerographica

Dimensions
25 cm de hauteur

Température
Supérieure à 10 °C

Pièce idéale
Dans toute la maison

Pet friendly
Non toxique

Floraison
Magnifique !

Le tillandsia, connu aussi sous le nom de fille de l'air ou encore *air plant*, vit suspendu dans les airs !

01 | Le choisir avant l'achat

Ces filles de l'air sont très résistantes aux changements d'environnement. Regardez l'état des feuilles et faites-vous plaisir sur les couleurs et les différentes formes. Plus les feuilles seront vertes, plus votre plante aura besoin d'humidité et mieux elle acceptera une pièce moins lumineuse, contrairement aux variétés avec un feuillage argenté.

02 | Exposition ou lumière

Les filles de l'air adorent la lumière, il est donc évident de les placer dans une pièce très lumineuse avec 1 à 2 heures de soleil direct. Je vous conseille de changer de place votre *air plant* en fonction de la saison, derrière une fenêtre orientée ouest au printemps et en été. En hiver, en fonction du lieu où vous habitez, préférez une exposition sud afin de lui offrir un maximum de luminosité.

03 | Arrosage

L'arrosage se fait par brumisation des feuilles ou par légères baignades. Privilégiez un arrosage le matin pour que votre plante puisse sécher la journée. En règle générale, comptez environ 2 à 3 pulvérisations par semaine. Ma méthode préférée pour arroser mes tillandsias est de les baigner pendant environ 1 heure toutes les semaines. Je prends le soin de les secouer afin de retirer l'excès d'eau et l'ensemble des gouttelettes, puis je les remets en place.

04 | Entretien

Éliminez les quelques feuilles abîmées et jaunies tout au long de l'année et retirez la fleur à la base après qu'elle a fané. Il n'y a rien de plus à faire sauf à vous amuser à créer des supports originaux pour cette plante atypique.

05 | Croissance

Dans un environnement confortable, votre tillandsia aura une croissance très rapide surtout en été quand on commence à ouvrir les fenêtres ! Si vous observez des feuilles jaunes pendant sa phase de croissance, n'hésitez pas à les retirer.

06 | Multiplier

Après la floraison, le tillandsia fera des rejets autour de la base. Quand le rejet fait environ 1/3 de la taille de la plante mère, vous pouvez le séparer assez facilement. La plante peut aussi produire des graines après sa floraison. Si vous récupérez ces graines et que vous réalisez un semis, vous obtiendrez de petits plants.

À L'AIDE ! PLANT MAN

Les feuilles de mon *air plant* s'enroulent

Si vous observez que les feuilles commencent à s'enrouler, c'est qu'il manque d'eau ! Baignez-le pendant une petite heure, retirez l'excès d'eau avant de le remettre à sa place.

J'ai des parasites sur ma fille de l'air !

Même si c'est assez rare, il se peut qu'un de vos tillandsias se fasse envahir par des cochenilles surtout s'il se trouve à côté d'autres plantes vertes. Le plus simple pour vous débarrasser des différents parasites est de baigner votre *air plant* pendant 2 heures dans de l'eau à température ambiante.

Les nouvelles feuilles sont très grandes...

Si vous observez l'apparition de nouvelles feuilles, mais que vous les trouvez différentes par rapport aux anciennes, qu'elles sont plus grandes avec une couleur plus foncée, c'est que votre *air plant* manque de lumière !

lithops

Son origine
Namibie et Afrique du Sud

Pièce idéale
Fenêtre orientée vers l'est

Famille
Aizoacées

Pet friendly
Non toxique

Dimensions
3 cm de diamètre maximum

Floraison
De jolies fleurs blanches, jaunes ou orange

Température
Supérieure à 12 °C

Vous cherchez une plante qui sait se camoufler ? Vos invités penseront que vous cultivez des cailloux dans un pot, et pourtant le lithops est bien une plante verte appelée aussi « plante caillou ».

01 | Le choisir avant l'achat

Privilégiez l'achat de lithops avec un diamètre assez gros. Si les lithops sont trop jeunes, la reprise est plus difficile.

02 | Exposition ou lumière

Les lithops sont à placer dans une pièce très lumineuse, mais évitez de les mettre au contact direct du soleil toute la journée. Si vous observez que vos lithops perdent leur couleur naturelle ou commencent à s'allonger, c'est qu'il faut leur trouver un lieu plus lumineux !

03 | Arrosage

Le pire ennemi des lithops, c'est l'arrosage ! De mai à octobre, arrosez-les dès que le substrat est totalement sec, sauf quand vos lithops entrent en dormance, avec les fortes chaleurs. Lors de cette période, il faut arrêter l'arrosage. On arrête aussi d'arroser quand les feuilles commencent à s'ouvrir pour faire apparaître des rejets. Dès que vous observez que vos lithops repoussent, vous pouvez reprendre l'arrosage.

04 | Entretien

Si vous observez de la poussière sur votre lithops, vous pouvez réaliser une légère pulvérisation pour la retirer. Comme pour le cactus, utilisez un pinceau afin de favoriser la photosynthèse.

05 | Croissance

Les lithops ont une croissance très, très lente. Soyez patient ! Leur phase de croissance a lieu entre avril et août. En septembre, vous observerez une phase de floraison, puis la plante entrera en dormance de novembre à décembre pour ensuite faire apparaître des nouvelles feuilles.

06 | Rempotage

Le rempotage des lithops se fait surtout pour renouveler leur terreau et donc leurs nutriments. Réalisez cette opération tous les 3 ans au début du printemps, c'est-à-dire juste après la période de dormance. Uilisez un pot de type bonsaï avec un trou dans le fond pour évacuer l'excès d'eau. La terrine est le pot idéal car elle est peu profonde, ce qui permet d'éviter l'excès d'eau au moment de l'arrosage. Utilisez un substrat mélangé contenant entre 60 et 75 % de matériaux drainants, comme la pierre ponce, puis d'un terreau pour cactus. Au moment de planter vos lithops, vous pouvez couper les racines d'un quart environ pour faciliter la reprise. Attention à ne pas trop enfoncer vos lithops, vous observerez facilement une démarcation entre la partie souterraine et la partie aérienne (une couleur différente).

07 | Multiplier

Les lithops se multiplient sans rien faire ! La plante s'ouvre en deux au niveau des feuilles pour faire apparaître plusieurs rejets. Vous pouvez alors les récupérer sans abîmer les racines et les repiquer.

À L'AIDE ! PLANT MAN

Pourquoi ma plante s'enterre et se ride ?

Si vous observez un changement au niveau des feuilles, que vous avez l'impression que les feuilles se rident ou que vos lithops s'enterrent, c'est que votre plante a besoin d'un arrosage !

frizzle sizzle

Son origine
Afrique du Sud

Famille
Asparagacées

Dimensions
30 cm de hauteur

Température
Supérieure à 5 °C

Pièce idéale
Derrière une fenêtre orientée sud ou ouest

Pet friendly
Toxique

Floraison
Des fleurs vertes et jaunes dégageant un parfum vanillé

Des feuilles en tire-bouchon, ça vous parle ? Oui, il s'agit bien de la Frizzle Sizzle qui possède des feuilles uniques aux formes très surprenantes. Savez-vous que les feuilles s'enroulent grâce à la chaleur et à la sécheresse ?

01 | La choisir avant l'achat

Le mieux est d'acheter vos bulbes au printemps pour les faire germer directement. Même si on peut recréer les conditions en hiver, c'est assez fastidieux sans lumière artificielle.

02 | Exposition ou lumière

La Frizzle Sizzle adore la lumière, il est donc évident de la placer dans une pièce très lumineuse. Je vous conseille de changer de place votre plante verte en fonction de la saison, derrière une fenêtre orientée ouest au printemps et en été, et en fonction du lieu où vous habitez, derrière une fenêtre orientée sud en hiver afin de lui offrir un maximum de lumière.

03 | Arrosage

Contrairement à beaucoup de plantes vertes, la Frizzle Sizzle a besoin d'un arrosage plus important l'hiver que l'été, car elle est en dormance en période estivale. En été, arrosez votre plante verte un tout petit peu toutes les 2 à 3 semaines, voire pas du tout à la fin de l'été. Au début de l'automne jusqu'à la fin de l'hiver, laissez le terreau sécher en surface entre chaque arrosage puis au printemps, laissez le terreau sécher totalement entre chaque arrosage.

04 | Entretien

Vous devez supprimer les hampes florales une fois qu'elles sont fanées. Après chaque arrosage, assurez-vous de retirer l'excédent d'eau dans la coupelle !

05 | Croissance

Même si cette plante a une croissance rapide, je vous conseille de l'aider en lui apportant une dose de fertilisant au début de sa croissance. N'oubliez pas d'arroser votre Frizzle Sizzle 24 heures avant pour que l'engrais s'imprègne correctement dans son substrat.

06 | Rempotage

Le rempotage se fait seulement si vous devez séparer les bulbilles pour multiplier votre plante verte ou si le bulbe devient trop large par rapport à votre pot. Réalisez le rempotage en automne et n'oubliez pas de laisser ⅓ de votre bulbe hors du sol.

07 | Multiplier

Au bout de quelques années, votre Frizzle Sizzle se multipliera naturellement comme peuvent le faire la tulipe ou l'ail des ours. Vous observerez alors de nouveaux bulbes apparaître à côté du bulbe principal. Laissez l'ensemble des bulbes germer pour donner des fleurs la première année. Par la suite, vous pourrez les séparer pour les mettre dans des pots individuels.

À L'AIDE ! PLANT MAN

Mon Frizzle Sizzle fleurit en été, pendant sa période de dormance…

Si vous venez d'acheter votre plante verte sans passer par l'étape des bulbes, c'est assez courant que, la première année, votre plante soit déréglée, surtout si elle a poussé sous lumière artificielle avec des conditions climatiques différentes de celles en extérieur. Pas de stress, entretenez votre plante avec ce léger décalage !

Les tutos plantes

Savez-vous qu'il est possible d'avoir de belles plantes vertes gratuitement ? En faisant germer un noyau, un pépin, un rhizome... Retour quelques années en arrière avec nos morceaux de coton et nos petites graines ! Dans les pages qui suivent, je vais vous montrer comment faire, étape par étape, avec des astuces simples et efficaces.

avocat

Plus jeune, nous avons tous essayé de faire germer un avocat. Pour certains, la réussite fut totale menant à la reproduction d'une plante par semis et d'autres ont subi un échec cuisant les laissant penser qu'ils n'avaient pas la main verte.

Comment faire pousser un avocatier

1. Récupérez le pépin

Une étape simple et évidente mais attention à ne pas abîmer votre pépin avec le couteau ! Pour cela, il suffit de couper soigneusement l'avocat en deux. Exercez ensuite une pression avec votre pouce au niveau du pépin côté peau pour le retirer sans l'abîmer ! Eh oui, c'est aussi simple que ça !

2. Nettoyez-le et baignez-le

Une fois votre pépin en dehors du fruit, retirez un maximum de chair autour de celui-ci, puis baignez-le dans de l'eau à température ambiante pendant 4 à 5 heures pour faciliter le retrait de la pellicule noire.

3. Ôtez la pellicule

C'est l'une des étapes les plus importantes pour réussir la germination de votre avocat. Vous devez retirer à l'aide de vos ongles la pellicule noire présente autour du pépin afin d'éviter tout risque de pourriture. Cela évitera aussi d'attirer les moucherons !

4. Placez-le dans une boîte hermétique

Afin de créer les conditions optimales pour faire germer votre avocat, mettez votre pépin dans du coton ou de l'Essuie-tout humide puis déposez-le dans une boîte hermétique. Placez votre boîte à l'ombre pendant 2 à 3 semaines. N'hésitez pas à ouvrir votre boîte de temps en temps pour vérifier l'absence de pourriture ou que le coton reste bien humide. Si le coton a séché, humidifiez à nouveau l'ensemble. Si votre coton devient marron, changez-le le plus rapidement possible pour éviter que votre pépin ne commence à pourrir.

5. Placez votre pépin au contact de l'eau

Utilisez 3 cure-dents que vous plantez dans votre pépin à espace régulier à environ 30 % du bas. Placez ensuite ce pépin au-dessus d'un verre et remplissez d'eau, de préférence de l'eau de pluie. Pensez à bien mettre 30 % du pépin au contact de l'eau. Vous devez maintenant tout simplement maintenir le niveau de l'eau !

Pour accélérer ce processus, placez votre verre et votre pépin au-dessus d'une source de chaleur (un radiateur, par exemple).

6. Votre pépin a germé

Au bout de 2 à 3 semaines, votre pépin devrait être fendu en deux et laisser place à une petite racine ! Utilisez un cône de propagation pour que la racine soit au contact de l'eau et multiplier vos chances d'avoir un magnifique avocatier !

7. La mise en terre

Si vous le souhaitez, vous pouvez placer votre pépin en terre : racines vers le bas, pointe du pépin sortie d'environ 1 à 2 cm du terreau. Pensez à garder votre terreau humide surtout au début.

3
4
4
5
6

Comment entretenir son avocatier

1. Changez l'eau toutes les semaines

Si vous avez gardé votre avocatier dans l'eau, pensez à changer l'eau toutes les semaines ! Au bout d'un moment, les feuilles risquent de jaunir à cause du manque de nutriments dans l'eau. Pour pallier ce problème, vous pouvez tout simplement utiliser un engrais liquide ou l'eau de cuisson des légumes, du riz ou encore des œufs. Bien entendu, utilisez l'eau de cuisson une fois refroidie et surtout sans sel !

2. Comment arroser votre avocatier ?

Au tout début, le terreau doit être humide constamment sans pour autant laisser de l'eau stagner au fond du pot. Petit à petit, vous pouvez laisser le terreau sécher entre chaque arrosage.

3. Placez-le dans une pièce lumineuse

Votre avocatier a besoin de lumière mais pas de soleil direct au risque de brûler son feuillage. Dès les risques de gelées écartés, vous pouvez le sortir et l'exposer petit à petit aux rayons de soleil, sinon son feuillage va brunir. En hiver, évitez de le laisser proche d'une source de chaleur ou dans une pièce à l'air ambiant trop sec, sinon votre plante verte risque de perdre son feuillage. Il faut un bon taux d'hygrométrie dans votre intérieur pour que votre avocatier puisse s'épanouir.

4. Nettoyez les feuilles

Nettoyer les feuilles de son avocatier permet de favoriser la photosynthèse et donc la bonne croissance de la plante ! Pour cela, vous pouvez utiliser un chiffon humide, avec de l'eau de pluie pour éviter les traces sur les feuilles. Réalisez cette opération au minimum tous les 15 jours pour retirer la poussière. Profitez-en pour vérifier l'absence d'insectes comme les cochenilles.

5. Rempotez votre plante

Il est nécessaire de rempoter votre avocatier tous les 2 ans afin de lui permettre de poursuivre son développement racinaire, mais aussi pour lui apporter les nutriments nécessaires à sa bonne croissance. Bien entendu, si les racines commencent à sortir du pot, c'est qu'il est temps de le rempoter. Pensez à utiliser un terreau bien drainant !

À L'AIDE ! PLANT MAN

Mon pépin ne germe pas

La germination peut prendre du temps, surtout si vous n'utilisez pas la technique de la boîte hermétique. Soyez patient ! L'erreur à éviter est de mal le nettoyer et de ne pas retirer la pellicule : la chair restante risque de pourrir et donc d'empêcher le pépin de germer.

Les feuilles s'enroulent et brunissent

Ce problème arrive souvent en automne, dès qu'on rallume nos radiateurs et qu'on chauffe nos intérieurs. L'humidité ambiante commence à baisser sérieusement alors que l'avocatier a besoin d'une humidité ambiante très importante ! Ma solution ? Utilisez un humidificateur d'air dans votre pièce, éloignez la plante des sources de chaleur, brumisez de temps en temps ses jolies feuilles et, pour finir, s'il est en terre, placez votre pot dans une coupelle avec des billes d'argile humides.

Faut-il pincer son avocatier ?

On entend souvent qu'il faut pincer la tige de son avocatier pour multiplier les ramifications… En effet, cela fonctionne mais, avec de la patience et une bonne humidité ambiante, votre avocatier le fera tout seul !

les bons plans de Pierre

Un avocat a un pépin !

On utilise souvent le terme « noyau » d'avocat, mais c'est une erreur ! Botaniquement parlant, la graine est bel et bien un pépin… un peu disproportionné par rapport à d'autres, certes ! Mais quoi qu'il arrive, pépin ou noyau, la méthode pour le faire germer reste valable.

Le pépin a un sens…

Si vous utilisez la technique de l'eau et des cure-dents pour faire germer votre avocat, il faut savoir que vous devez respecter une certaine orientation. La partie pointue du pépin doit se tourner vers le haut et la partie plate doit être au contact de l'eau.

Et pourquoi ne pas le mettre en terre directement ?

Mais si, vous pouvez ! C'est juste moins ludique avec les enfants ! La difficulté en mettant votre avocat directement en pleine terre, c'est de réussir à garder le terreau toujours humide tout en évitant d'avoir un substrat trop humide en surface l'hiver au risque de voir apparaître des moucherons de terreau.

mangue

Miam, une mangue ! Ne jetez pas la cosse au milieu de votre mangue, elle contient une amande qui vous donnera une jolie plante verte en 45 jours, mais attention aux doigts en l'ouvrant !

Comment faire pousser un manguier

1. Récupérez l'amande

Cette étape est assez périlleuse : je vous conseille de bien nettoyer la cosse pour retirer l'excédent de fruit et éviter qu'elle ne vous glisse des mains. Munissez-vous ensuite d'un couteau pour ouvrir la cosse en deux en veillant à ne pas vous blesser et à ne pas abîmer l'amande à l'intérieur.

2. Placez-la dans une boîte hermétique

Afin de créer les conditions optimales pour faire germer votre mangue, mettez votre amande dans du coton ou de l'Essuie-tout humide, puis mettez-la dans une boîte hermétique. Placez votre boîte à l'ombre pendant 2-3 semaines. Ouvrez votre boîte de temps en temps pour vérifier l'absence de pourriture ou vérifier que le coton reste bien humide. Si le coton a séché, humidifiez de nouveau l'ensemble.

3. Des racines !

Au bout de 15 jours, la racine de votre amande est apparue. Il se peut que la pellicule noire présente autour de l'amande se détache. Retirez-la complètement avant la prochaine étape pour éviter les risques de pourrissement.

4. La mise en terre

Placez votre amande en terre, racine vers le bas, l'amande au contact du terreau mais qui sort de terre. Utilisez du terreau « semis et repiquage » et gardez votre terreau toujours humide, surtout au début ! Utilisez de préférence un pot 2 cm plus large que l'amande.

5. Naissance de la tige

Dix jours après la plantation, l'amande devrait verdir et laisser apparaître une tige avec quelques feuilles. Les feuilles sont assez longues et se développent rapidement.

6. Rempotez votre manguier

Dès l'apparition des 4 premières feuilles, vous pouvez rempoter votre manguier dans un pot légèrement plus grand afin que les racines se développent correctement. Cette fois, c'est le bon moment pour recouvrir l'amande de terreau. Vous pouvez utiliser un terreau adapté pour les arbres fruitiers.

1
2
2
3
4

Comment entretenir son manguier

1. Comment arroser votre manguier ?

Au tout début, le terreau doit être humide constamment sans pour autant laisser de l'eau stagner au fond du pot. Petit à petit, vous pouvez laisser le terreau sécher entre chaque arrosage.

2. Placez-le dans une pièce lumineuse

Votre manguier a besoin de lumière mais pas de soleil direct, au risque de brûler son feuillage. Dès les risques de gelées écartés, vous pouvez le sortir et l'exposer petit à petit aux rayons de soleil, sous peine de voir son feuillage brunir. En hiver, comme pour l'avocatier, évitez de le laisser proche d'une source de chaleur.

3. Humidité

Même s'il est important d'éloigner votre manguier des différentes sources de chaleur, il s'épanouira et aura une croissance plus rapide si l'humidité ambiante est importante ! Pour aider votre manguier, vous pouvez placez une coupelle de billes d'argile humides en dessous de son pot afin d'accroître l'humidité.

À L'AIDE ! PLANT MAN

L'amande a déjà germé

Il est tout à fait possible d'ouvrir la cosse et de découvrir que l'amande a déjà une petite racine. Mettez-la tout de même dans une boîte hermétique entourée d'Essuie-tout humide. Mais n'attendez pas 15 jours avant de la récupérer et de la mettre en terre, une petite semaine suffit.

Les feuilles deviennent brunes et sèches

Deux problèmes possibles : soit le terreau est trop humide et/ou trop compact, soit l'atmosphère de votre intérieur est trop sèche. Le manguier a besoin de lumière et de chaleur, mais également d'une humidité ambiante importante pour s'épanouir.

L'amande a pourri ou a moisi

Pas de panique, ce n'est pas l'amande en elle-même qui est touchée mais la pellicule noire qui l'entoure. Il vous suffit de vous débarrasser de la pellicule moisie et de reprendre le bouturage.

J'ai d'autres départs depuis l'amande !

Si vous observez d'autres départs au niveau de l'amande, vous pouvez les laisser pousser pour ensuite tresser les tiges comme sur un *Pachira* ou les retirer à la base dès leur apparition pour que la tige principale se développe plus rapidement.

les bons plans de Pierre

Fruit mûr ou pas trop ?

Choisissez de préférence un fruit pas trop mûr ! Plus il sera mûr, plus il sera collant, et plus vous aurez de mal à libérer l'amande.

Quel pot choisir ?

Quand l'amande germe, elle laisse place à une racine pivot. Privilégiez donc un pot étroit mais profond comme celui dans lesquels poussent les framboisiers en jardinerie.

Et pourquoi ne pas le mettre en terre directement ?

C'est tout à fait possible, je vous conseille de mettre votre amande sur la tranche, la moitié dans le terreau et l'autre moitié à l'air libre. Utilisez quand même une serre, sinon votre amande risque de sécher et de pourrir.

ananas

Saviez-vous que le fruit de l'ananas ne vient pas d'un arbre ? En fait, il pousse au centre d'une plante !

Comment faire pousser un ananas

1. Achetez un ananas

Alors oui, c'est une évidence, mais attention de ne pas vous tromper au moment de l'achat. Il faut regarder le cœur de l'ananas, la partie haute au centre. Si vous voyez des feuilles vertes, c'est plutôt bon signe. Si vous découvrez une tache marron au fond, passez votre chemin, le cœur a été brûlé. Pour être sûr de ne pas vous tromper, vous pouvez opter pour la variété Victoria, qui voyage par avion, et dont le cœur n'est pas brûlé.

2. Récupérez la couronne

Une fois votre ananas en main, coupez la couronne, puis retirez la chair présente en bas afin d'éviter d'attirer des moucherons mais aussi d'éviter le pourrissement. Et ensuite ? On ne fait plus rien pendant 48 heures, on dépose la couronne sur de l'Essuie-tout, puis on place le tout à l'ombre dans une pièce aérée.

3. Nettoyage et bouture

Quand la couronne a séché 48 heures, retirez les feuilles du bas sur 2 à 3 cm pour éviter que ces feuilles soient au contact de l'eau. Les racines vont ensuite se développer sur la partie basse.

4. Placez la bouture dans l'eau

Placez votre bouture au contact de l'eau dans une pièce lumineuse. N'oubliez pas de changer l'eau tous les 4 à 5 jours avec de l'eau à température ambiante, et si possible de l'eau de pluie.

5. Mise en terreau

Une fois que les racines font 4-5 cm, il est temps de mettre la couronne en terre. Vous pouvez réaliser cette étape tout de suite après le nettoyage si vous le souhaitez. Utilisez un terreau « semis et repiquage », c'est-à-dire un terreau très léger et sans engrais. Pensez à garder votre terreau humide surtout au début.

6. Au bon endroit !

Placez votre bouture dans une pièce lumineuse mais pas au contact direct du soleil. Maintenez une température ambiante autour des 20-22 °C pour favoriser le développement des racines, surtout la première année !

7. On rempote

Assez rapidement, au bout de 2 mois, vous pouvez rempoter votre ananas dans un pot légèrement plus grand avec un terreau plus adapté : utilisez un terreau pour plantes vertes qui contient de l'engrais afin que votre plante se développe plus rapidement.

1
2
3
4
5

Comment entretenir son ananas

1. Comment arroser votre ananas ?

Au début, évitez d'arroser la couronne pour éviter son pourrissement. Dès l'apparition des racines, vous pouvez arroser votre ananas par le dessus.

2. Sortir son ananas !

En été, dès le mois de juin, vous pouvez sortir votre ananas. Ne vous précipitez pas, attendez qu'il fasse chaud et que les températures avoisinent les 20 °C minimum. N'oubliez pas de le rentrer dès septembre pour éviter les coups de froid.

Comment faire fructifier son ananas

1. Soyez patient

Au bout d'un an ou un an et demi, votre plante aura suffisamment développé son système racinaire pour fleurir ! Placez une pomme au pied de votre ananas, sur le pot idéalement, puis enfermez votre plante verte dans un sac plastique. Placez ensuite la plante dans une pièce lumineuse chauffée aux alentours de 20 °C pendant une semaine minimum.

2. On retire le sac

Au bout d'une semaine, on enlève le sac ainsi que la pomme, puis on replace notre plante verte dans une pièce lumineuse, toujours à 20 °C. Normalement, au bout de 2 à 3 mois, vous devriez voir apparaître un fruit au centre de votre ananas ! Le fruit est comestible, mais sa durée de vie est d'environ 6 mois. Au-delà, il pourrit !

À L'AIDE ! PLANT MAN

Des rejets apparaissent au pied de ma plante

Après avoir récolté le fruit de l'ananas, votre plante fera des rejets que vous pouvez récupérer pour produire une nouvelle plante. Mais une fois les rejets récupérés, votre plante mourra.

J'ai un problème avec les feuilles !

Si votre ananas manque de lumière, les feuilles vont commencer à pâlir ou à ternir. Si vous observez un affaissement des feuilles, c'est que l'atmosphère est trop sèche ou trop chaude.
Pour remédier au problème, déplacez votre plante dans une pièce plus humide. Sinon vous pouvez aussi disposer une coupelle avec des billes d'argile. Mais attention, la coupelle doit être du diamètre de la plante (et non du pot) quand on la regarde du dessus.

Ma plante ne grossit pas

Si votre ananas ne grossit pas, c'est sûrement lié à un manque d'engrais. N'hésitez pas à utiliser de l'engrais et à arroser votre plante par le dessus. Attention aussi à éviter les courants d'air au risque de voir votre ananas dépérir.

Mon fruit est tout petit !

C'est tout à fait normal, rassurez-vous ! L'avantage, c'est que vous pouvez à nouveau le cueillir, récupérer la couronne et le bouturer pour avoir (encore !) une nouvelle plante.

les bons plans de Pierre

Pourquoi brûle-t-on le cœur de l'ananas ?

On récolte souvent l'ananas vert (pas mûr), mais il continue à mûrir pendant les 10-15 jours de transport. Quand il arrive sur notre continent, il est mûr. On brûle alors le cœur du fruit pour arrêter son mûrissement.

Pourquoi ajouter une pomme ?

La pomme dégage de l'éthylène, un gaz qui est une phytohormone et accélère la maturation. Le fait d'enfermer sa plante verte avec une pomme évite au gaz de s'échapper et accélère la floraison de l'ananas.

Comment accélérer l'enracinement ?

Pensez à changer l'eau tous les 4-5 jours avec de l'eau à température ambiante et si possible de l'eau de pluie. Au moment de mettre votre bouture au contact de l'eau, essayez d'utiliser un récipient opaque ! Les racines ont tendance à se développer plus rapidement dans le noir. Cette astuce est valable pour toutes les plantes !

patate douce

Pour les passionnés de potager, la bouture de la patate douce est un bon moyen de réaliser ses propres plants. Mais savez-vous que vous pouvez aussi la bouturer pour créer une magnifique plante verte ? Petit point de vigilance : c'est une plante grimpante qui fait énormément de lianes !

Comment faire germer une patate douce

1. Choisir votre patate douce

Au moment de l'achat, sélectionnez une patate douce saine, c'est-à-dire non abîmée, sans pourriture et pourquoi pas avec déjà quelques germes. La variété n'est pas importante pour réaliser une plante verte, contrairement à la culture en pleine terre. Essayez cependant de choisir une patate douce bio ou avec des germes pour s'assurer qu'il n'y ait pas d'anti-germinatif.

2. L'anti-germinatif

Si vous n'avez pas trouvé de patates douces avec des germes, il y a sûrement un anti-germinatif présent sur celles-ci pour éviter qu'elles ne germent sur les étals des magasins. Lavez délicatement votre patate douce sans trop frotter au risque d'abîmer les lenticelles (les petites taches noires sur la peau).

3. Placez-la dans une bouteille

Placez 3 cure-dents vers le bas de la patate douce. Coupez une grande bouteille d'eau en plastique en deux ou utilisez un pot en verre et remplissez la partie du bas avec de l'eau. Placez votre patate douce pour que 70 % de la partie basse soit au contact de l'eau.

4. Lumière et chaleur

Une fois votre patate douce au contact de l'eau, placez-la dans une pièce lumineuse et chauffée. La patate douce a besoin d'une température située entre 20 et 25 °C pour germer ! L'idéal est de la placer sur un radiateur pour accélérer le processus.

5. On surveille

Veillez à ce que l'eau reste à niveau pour que votre future plante soit toujours au contact de l'eau. Vérifiez aussi que l'eau ne se trouble pas, et si tel est le cas, changez-la par de l'eau propre à température ambiante ! Pour ça, prévoyez une seconde bouteille d'eau à côté. C'est important ! De cette façon, la nouvelle eau sera à la même température que l'ancienne et cela évite de stresser les racines qui risquent un choc thermique.

6. On la bichonne

Pensez à remplacer l'eau régulièrement (tous les 4-5 jours) pour éviter qu'elle ne croupisse. Si vous devez vous absenter, ajoutez 3-4 gouttes de vodka ou un morceau de charbon de bois pour que l'eau reste saine plus longtemps.

③
④
⑤
⑥

Comment bouturer une patate douce

1. Récupérez de longues pousses

Après plusieurs semaines, votre patate douce aura développé de belles racines et de longues tiges avec plusieurs feuilles. Récupérez des pousses contenant 5 feuilles pour les bouturer. Coupez les deux feuilles du bas, puis mettez vos boutures dans l'eau pour que les yeux du bas soient totalement immergés. Veillez à ce que les feuilles ne soient pas au contact de l'eau !

2. Mettez en terre

Vous devriez obtenir des racines de 2-3 cm, 2 à 3 semaines après avoir mis vos boutures dans l'eau. C'est le moment idéal pour planter vos boutures dans des godets individuels. Vous pouvez utiliser du terreau « semis et repiquage » et un pot percé afin d'avoir un bon drainage.

3. Placez-les dans une pièce lumineuse

Mettez ensuite votre pot dans une pièce lumineuse pour que les feuilles reçoivent de la lumière et que votre plante puisse continuer son développement. En attendant d'avoir de nouvelles pousses, maintenez le terreau toujours humide puis, petit à petit, laissez le terreau sécher entre chaque arrosage.

4. Guidez les tiges

Attention, la patate douce produit de longues tiges, n'hésitez pas à guider les tiges pour éviter qu'elles ne cassent sous le poids des feuilles. Grâce à cette magnifique plante gratuite, vous pouvez remplacer votre lierre d'intérieur qui abîme les murs !

À L'AIDE ! PLANT MAN

Ma patate douce ne germe pas

Respectez bien la température de germination et le sens. Même si, a priori, le sens a peu d'importance, mieux vaut mettre toutes les chances de votre côté ! Si, malgré ces recommandations, rien ne se passe, c'est sûrement en lien avec l'anti-germinatif… Essayez avec une autre variété, si possible bio.

Ma patate douce a pourri

Dès que votre patate douce produit des racines, la chair n'a plus besoin d'être au contact de l'eau. Ajustez donc l'eau pour que seules les racines soient au contact de l'eau.

Rien ne se passe !

Faire germer une patate douce peut être très long, surtout si vous ne laissez pas votre patate douce dans une pièce chauffée à une température constante et à 20 °C minimum. Pour accélérer le processus, vous pouvez placer votre patate douce sur un tapis chauffant ou utiliser une cloche pour créer une mini serre autour de votre bouteille.

les bons plans de Pierre

La patate douce a un sens…

Oui et non… le sens a peu d'importance, mais il y aura plus de germes si vous placez la partie arrondie vers le haut et la partie pointue immergée dans l'eau. Avec plus de germes, on aura plus de boutures et donc plus de chances de réussir la pousse de notre plante verte !

La patate douce fleurit

Sous nos latitudes, il est rare de voir les plants de patates douces fleurir en extérieur mais, en plante verte, c'est tout à fait possible. Ses petites fleurs en trompette ressemblent aux fleurs de liseron.

Utiliser un morceau

Savez-vous que vous pouvez réaliser des boutures de patate douce avec seulement un morceau, et non avec une patate douce entière ? Pour cela, récupérez un morceau avec de la chair et de la peau. Mettez ensuite la chair au contact du terreau, puis gardez ce dernier toujours humide. Normalement, au bout de quelques semaines, vous observerez des germes !

litchi

L'hiver apporte ses températures fraîches, mais aussi ses fruits de saison ! Quoi de mieux que de manger quelques litchis pour s'évader ? Ne jetez surtout pas leur noyau et profitez-en pour les faire germer afin d'avoir une nouvelle plante d'intérieur !

Comment faire pousser un litchi

1. Récupérez le noyau

Une étape sans difficultés tant que vous n'abîmez pas le noyau quand vous le récupérez.

2. Nettoyez-le

Une fois votre noyau en main, retirez un maximum de chair autour de celui-ci, puis baignez-le dans de l'eau à température ambiante pendant 24 heures pour faciliter la germination et ramollir l'enveloppe.

3. Placez-le dans une boîte hermétique

Afin de créer les conditions optimales de germination du noyau de litchi, mettez-le dans du coton ou de l'Essuie-tout humide, puis placez-le dans une boîte hermétique. Disposez à l'ombre pendant 3 semaines. Ouvrez votre boîte de temps en temps pour vérifier l'absence de pourriture ou que le coton reste bien humide. Si le coton a séché, humidifiez de nouveau l'ensemble.

4. L'apparition des racines

Au bout de 3 semaines, la racine de votre noyau est apparue ! Il se peut qu'en plus de la racine, vous observiez aussi l'apparition d'une tige.

5. La mise en terre

Placez votre noyau en terre sans l'enfoncer, racine vers le bas, le noyau au contact du terreau et la tige visible. Utilisez du terreau « semis et repiquage » et gardez votre terreau toujours humide surtout au début ! Si vous en possédez, préférez un godet pour semis afin d'éviter d'avoir un contenant trop grand.

6. Les premières feuilles

Quatre semaines après la plantation, votre litchi devrait laisser apparaître plusieurs feuilles. Bravo, vous avez réussi la partie la plus facile ! Il ne vous reste plus qu'à bien vous en occuper pour le garder en vie plusieurs années.

①
②
③
④
⑤
⑥

Comment entretenir son litchi

1. Comment arroser votre litchi ?

Au tout début, le terreau doit être constamment humide sans pour autant laisser de l'eau stagner au fond du pot. Petit à petit, vous pouvez laisser le terreau sécher entre chaque arrosage. Si vous avez un environnement trop sec, mettez des billes d'argile humides dans une coupelle et placez celle-ci sous votre pot.

2. Placez-le dans une pièce lumineuse

Votre litchi a besoin de lumière mais pas de soleil direct au risque de brûler son feuillage. Dès la menace des gelées écartées, vous pouvez le sortir et l'exposer aux rayons de soleil. Procédez petit à petit, sinon son feuillage pourrait brunir. En hiver, comme pour l'avocatier, évitez de le laisser proche d'une source de chaleur.

3. Nettoyez les feuilles

Afin de favoriser la photosynthèse et accroître son développement, pensez à brumiser son feuillage tous les 10 jours au maximum. Profitez-en pour nettoyer le recto et le verso de chaque feuille.

4. Rempotez votre litchi

Le début du printemps est le moment idéal pour rempoter votre litchi. Renouveler son terreau et lui offrir suffisamment d'espace lui permet de développer son système racinaire. Si vous avez utilisé un godet à semis, vous pouvez le rempoter au bout de 6 mois.

À L'AIDE ! PLANT MAN

Les feuilles deviennent brunes et sèches

Deux possibilités : soit il s'agit d'un terreau trop humide et/ou trop compact, soit d'une atmosphère trop sèche dans votre intérieur. Le litchi a besoin de lumière et de chaleur, mais également d'une humidité ambiante importante pour s'épanouir. Pour améliorer l'humidité ambiante, déposez votre litchi sur une coupelle de billes d'argile que vous garderez toujours humide.

Les feuilles perdent leur couleur rouge

C'est tout à fait normal ! Les feuilles seront de couleur bronze à rouge à leur apparition, puis deviendront vertes petit à petit. Ce n'est en aucun cas un indicateur de mauvaise santé de votre plante d'intérieur.

Mon noyau ne germe pas

La germination peut prendre jusqu'à 6 semaines, mais elle ne fonctionne pas à 100 %. Réitérez l'opération en faisant attention à ne pas abîmer les noyaux au moment de les récupérer, retirez un maximum de chair et si vous le pouvez, ôtez la petite pellicule autour afin de mettre toutes les chances de votre côté !

les bons plans de Pierre

Les litchis, ça vient d'où ?

Les litchis sont originaires du sud de la Chine. Comme nous n'avons pas les mêmes conditions climatiques, il n'y a aucune chance que vous puissiez récolter un litchi de votre bouture !

Étrange coïncidence

Vous verrez, au début, le plant de litchi ressemble à s'y méprendre au pachira.

Trois en un

Si vous savez bouturer un litchi, vous saurez bouturer un mangoustan ou un ramboutan, appelé aussi « litchi chevelu ». La technique est strictement identique !

Litchi en boîte

N'essayez pas de faire germer un litchi sucré récupéré dans une boîte de conserve, cela ne fonctionnera pas ! Attendez plutôt l'hiver pour vous en procurer sur les étals des magasins.

gingembre

Top départ pour la création d'une magnifique plante verte à partir d'un rhizome ! Si vous avez un potager, vous pouvez aussi cultiver cette épice en pleine terre afin d'avoir une belle récolte 9 mois après sa plantation.

Comment faire pousser du gingembre

1. Récupérez un rhizome

C'est l'étape la plus simple car il vous suffit d'aller au supermarché et d'acheter un rhizome de gingembre. Choisissez un rhizome frais, c'est-à-dire un rhizome bien ferme et pas trop sec. Le rhizome a deux yeux, des petites pousses blanches qui vont germer pour laisser place aux tiges. Privilégiez des petits rhizomes et surtout des rhizomes qui ont des bourgeons à leurs extrémités.

2. Baignez votre rhizome

Si vous voulez accélérer le processus, une fois de retour des courses avec votre rhizome, vous pouvez le baigner dans de l'eau à température ambiante pendant 24 heures pour le réhydrater. Puis laissez-le sécher sur votre plan de travail.

3. Oubliez votre rhizome

Ma technique préférée pour obtenir des pousses consiste à placer mon rhizome dans un sac en papier kraft dans le noir et de l'oublier chez moi ! Six à huit semaines plus tard, ouvrez votre sac et, normalement, votre rhizome a de nouvelles pousses ! Si vous avez acheté des rhizomes assez gros, vous aurez plusieurs pousses au niveau des yeux. Vous pouvez alors couper autant de pousses que vous avez de rhizomes. Coupez dans les mêmes proportions : 2 cm de pousses pour 2 cm de rhizomes. Laissez ensuite ces morceaux sécher à l'air libre pendant 48 heures.

4. La mise en terre

Placez vos jeunes pousses dans du terreau bien drainant, pousses vers le haut et si possible en dehors du terreau. Gardez votre terreau toujours humide et placez le pot à une température supérieure à 20 °C dans une pièce lumineuse.

1
2
3
4

Comment entretenir son gingembre

1. Comment arroser votre gingembre ?

Au tout début, le terreau doit être humide constamment sans pour autant laisser de l'eau stagner au fond du pot. Dès que les premières feuilles apparaissent, vous pouvez laisser le terreau sécher entre chaque arrosage.

2. Placez-le dans une pièce lumineuse

Votre gingembre a besoin de lumière, mais pas de soleil direct au risque de brûler son feuillage. Dès les risques de gelées écartés, vous pouvez le sortir et l'exposer petit à petit aux rayons de soleil, sinon son feuillage va brunir.

3. Nettoyez les feuilles

Il faut nettoyer les feuilles de votre gingembre afin de favoriser la photosynthèse et donc la bonne croissance de votre plante ! Pour cela, vous pouvez utiliser un chiffon humide, avec de l'eau de pluie pour éviter les traces sur les feuilles. Réalisez cette opération au minimum tous les 15 jours pour retirer la poussière. Profitez-en pour vérifier l'absence de parasites.

4. Rempotez votre plante verte

Si vous avez utilisé un pot trop petit, le rhizome risque de déformer le pot, voire de le casser ! Il est donc nécessaire de rempoter votre gingembre afin de lui permettre de poursuivre son développement racinaire, mais aussi pour lui apporter les nutriments nécessaires à sa croissance. Pensez à utiliser un terreau bien drainant !

À L'AIDE ! PLANT MAN

Au bout d'un moment, les feuilles jaunissent…

Après 6 à 8 mois environ, les feuilles risquent de jaunir puis de se dessécher totalement. C'est le moment ! Supprimez les tiges sèches et récoltez votre gingembre.

Puis-je le mettre en pleine terre ?

Pour la culture en pleine terre, il faut attendre la fin des gelées. Commencez à acclimater votre plante petit à petit en la plaçant à l'ombre pendant une petite semaine, puis à l'ombre partielle pendant 1 semaine, et enfin en pleine terre avec une exposition ensoleillée.

Est-il possible de garder le gingembre en pot ?

Il est tout à fait possible de garder votre gingembre en le mettant en pot. Mais pour cela, il faudra le placer dans une pièce très lumineuse ou sur votre balcon afin de lui offrir les conditions optimales pour espérer récolter des rhizomes d'une belle taille. Si vous observez que son substrat s'assèche rapidement, rempotez-le dans un pot plus grand.

les bons plans de Pierre

Gingembre ou curcuma ?

Vous pouvez faire la même chose avec des rhizomes de curcuma et obtenir une plante verte. Pour faire germer le rhizome, suivez les mêmes instructions !

Technique du verre d'eau !

On peut aussi faire pousser un rhizome de gingembre avec des cure-dents comme pour le pépin d'avocat. Cette pratique est simple à réaliser et amusante pour les enfants.

Coupez votre rhizome

Si vous ne trouvez pas de petits rhizomes de gingembre dans votre commerce préféré, vous pouvez en acheter un plus gros que vous couperez en plusieurs morceaux. Chaque partie doit posséder un œil afin de produire une pousse. Après avoir découpé votre rhizome, attendez que la découpe cicatrise pendant environ une semaine avant d'essayer de le faire germer. Si vous n'avez pas envie d'attendre, vous pouvez utiliser de la cannelle pour cicatriser la plaie.

noix de coco

Qui n'a jamais rêvé de faire pousser un palmier dans son intérieur ? Mieux encore, pourquoi ne pas tenter de faire germer une noix de coco ? C'est tout à fait possible mais il faudra vous armer de patience... au minimum 3 mois d'attente !

Comment faire pousser un cocotier

1. Récupérez une noix de coco

Faites attention à choisir une noix de coco avec de l'eau à l'intérieur. Pour vous en assurer, mettez la noix de coco à côté de votre oreille et secouez-la : si vous entendez de l'eau, vous pouvez la récupérer pour tenter de la faire germer ! Regardez aussi si l'œil est bombé, cela facilite la germination.

2. Baignez-la !

Baignez votre noix de coco dans de l'eau tiède pendant au minimum 3 jours. Votre noix de coco va remonter à la surface, utilisez un poids pour la maintenir dans le fond. Vous pouvez changer l'eau tous les jours afin d'avoir une eau tiède le plus longtemps possible.

3. Placez-la dans un sac hermétique

Versez de l'eau tiède dans le fond d'un sac ou d'une boîte hermétique, puis mettez votre noix de coco. L'œil de votre noix de coco doit être au contact de l'eau pour accélérer et faciliter sa germination. Placez votre sac près d'une source de chaleur et évitez de le mettre au contact de la lumière ou dans un courant d'air.

4. L'apparition du germe

Au bout d'une dizaine de jours, si toutes les conditions sont réunies, la noix de coco a germé ! Changez simplement l'eau du sac puis replacez votre noix de coco. Le germe ne doit plus être au contact de l'eau pour éviter le pourrissement. Placez votre sachet dans un endroit chaud pendant environ 3 mois.

5. Des racines

Au bout de 3 mois ou dès que la racine fait environ 20 cm, il est grand temps de sortir la noix de coco de son sac hermétique et de la mettre en pot.

6. Mise en terre

Procurez-vous un pot deux fois plus large que votre noix de coco et surtout assez profond pour que le système racinaire se développe correctement. Mélangez 50 % de terreau et 50 % de sable, puis remplissez votre pot. Placez votre noix de coco en enfonçant la racine dans le substrat, mais en maintenant le germe en dehors.

①
②
③
⑤
⑥

Comment entretenir son cocotier

1. Comment arroser votre noix de coco ?

Le terreau doit toujours être humide, mais pas détrempé au risque de voir votre noix de coco moisir ! Arrosez au minimum une fois par semaine votre plante, voire deux fois pour que le terreau soit toujours humide.

2. Placez-la dans une pièce lumineuse

Votre plante a besoin de beaucoup de lumière, mais pas de soleil direct, surtout au début de sa croissance. Placez-la dans une pièce très lumineuse, mais évitez de la mettre derrière une fenêtre orientée sud.

3. La température

La température idéale se situe autour des 27 °C et ne doit pas descendre en dessous des 22 °C si vous voulez que votre cocotier s'épanouisse. Éloignez-le tout de même des sources de chaleur, surtout en hiver.

4. L'humidité

Le cocotier a besoin d'un taux d'humidité important, il n'aime pas du tout l'air sec, ce qui provoquerait des taches et un assèchement de son feuillage. N'hésitez pas à placer une coupelle de billes d'argile humides en dessous du pot afin de lui offrir un maximum d'humidité.

À L'AIDE ! PLANT MAN

Ma noix de coco ne germe pas !

La noix de coco a besoin d'une température située entre 27 et 32 °C pour germer. Vous pouvez placer votre sac hermétique près d'une source de chaleur afin d'avoir une eau tiède.

Les feuilles jaunissent...

Si les feuilles jaunissent, c'est sûrement en lien avec un substrat trop humide. Votre terreau doit toujours être humide, mais pas pour autant gorgé d'eau. Le premier symptôme d'un problème de drainage, c'est le jaunissement des feuilles, puis la tige qui commence à brunir à la base.

J'ai des animaux, cette plante est-elle toxique ?

Toutes les parties de la plante sont toxiques ainsi que les feuilles. Elles contiennent de la cycasine qui peut provoquer des vomissements, mais aussi des diarrhées chez nos petites boules de poils.

Ma noix de coco ne remonte pas à la surface

Au moment de baigner votre noix de coco, il est possible qu'elle ne remonte pas à la surface et que des bulles s'en échappent ! C'est sûrement que votre noix de coco était fissurée, l'eau a donc rempli le fruit et, avec le poids, elle s'est immergée totalement. Malheureusement, elle risque de ne pas germer... Je vous conseille de réitérer l'opération avec une autre noix de coco !

les bons plans de Pierre

Super, ma noix de coco plonge d'elle-même au fond de l'eau !

Ah non, ce n'est pas vraiment une bonne nouvelle... Si la noix de coco flotte, c'est bien. Si elle ne flotte pas et qu'en plus, elle fait des bulles, elle ne germera pas car elle est gorgée d'eau. Elle a sûrement subi des micro-fissures. Fin de l'aventure !

Peut-on espérer avoir des noix de coco un jour ?

Impossible ! Mais vous pouvez toujours réutiliser les palmes pour parfaire votre décoration d'intérieur ou vous initier au tressage et vous fabriquer un petit panier !

Utiliser de l'eau salée

Certaines personnes préconisent d'utiliser de l'eau salée pour faire germer une noix de coco. J'ai essayé les deux méthodes et l'eau salée n'apporte pas plus de chance de réussir la germination. Les deux conditions à respecter sont la température de l'eau et la température ambiante.

INDEX

INDEX

Depuis l'écriture de mon premier livre sur le potager, j'ai eu énormément de retours positifs de la part de mes amis, de ma famille, mais aussi des personnes qui me suivent sur les réseaux sociaux. Et galvanisé par ces encouragements, j'ai gardé dans un coin de ma tête le projet d'écrire un deuxième livre autour des plantes d'intérieur. Voilà chose faite !

Ce livre est pour moi une façon de partager avec vous ma passion, mais surtout de vous aider à adopter sereinement une plante d'intérieur. J'entends trop souvent autour de moi des personnes qui abandonnent l'idée d'en posséder car ils pensent ne pas avoir la main verte. N'oubliez pas, la main verte n'est pas loin d'être un mythe. Le secret ? Il faut prendre le temps, observer et commettre des erreurs. Mais j'espère tout de même que, grâce à ce livre, vous éviterez un maximum d'erreurs pour économiser du temps et de l'argent !

Je souhaite une nouvelle fois remercier l'équipe de Marabout qui est vraiment au TOP ! Une équipe aux valeurs humaines, qui reste à l'écoute et avec qui c'est un réel bonheur de travailler. J'ai pris tellement de plaisir à construire ce nouveau livre, à l'écrire, à réaliser le shooting photos et même à le relire !

Merci aux personnes qui me suivent sur les réseaux sociaux. C'est grâce à vous si j'ai osé écrire ce livre, grâce à vous que chaque jour, je prends du plaisir à réaliser des vidéos autour de mes passions.

Je remercie ma famille, mes enfants pour la patience qu'ils ont quand j'arrose et nettoie mes plantes pendant des heures chaque semaine. Merci à eux de faire attention à mes plantes quand ils sortent un ballon ou d'autres jouets rebondissants dans la maison !

Merci à ma mère qui partage cette passion avec moi, avec qui on peut discuter de plantes vertes, s'échanger des boutures pour continuer à multiplier nos collections ! Et même si Papa ne veut plus de plantes vertes, tu peux compter sur moi pour t'en offrir en cachette.

Une petite note particulière pour ma femme, qui me soutient comme toujours dans mes nombreux projets. Merci pour sa patience, son attention et sa main verte, ainsi que son aide à entretenir nos nombreuses plantes vertes... même s'il lui arrive d'avoir la main lourde sur l'arrosage ! Merci d'être toujours là pour moi, à mes côtés.

Petite dédicace aux copains, toujours là pour aider : Adrien, Marie, Antoine, Ingrid, Jérémy, Anne-Lise, Nono et Féfé ! Merci à vous de m'écouter dans mes projets un peu fous !

Pierre

Retrouvez Pierre le cultivateur sur les réseaux :

TikTok :
@le.cultivateur
Instagram :
pierre.lecultivateur
YouTube :
lecultivateur

Toutes les photographies sont de Rebecca Genet à l'exception des pages :
140-141 ; 148-148 ; 150-151 ; 154-155 ; 156-157 © Shutterstock

8620045
978-2-501-17576-0
Dépôt légal : mars 2023
Photogravure : Quadrilaser
Achevé d'imprimer en Espagne
sur les presses d'Elcograf en janvier 2023.